非上市公众公司
治理规范研究

刘沛佩◎著

中国政法大学出版社

2023·北京

>>> 前言
PREFACE

　　非上市公众公司是我国证券监管机关基于差异化行政监管的需要而创设出的一个概念，因其灵活的治理结构和较低的融资成本，成为公司上市前重要的组织形式。从宏观经济层面来看，非上市公司，尤其是中小企业，构成了包括我国在内的整个亚洲地区区域经济发展的基础。但长期以来，有关公司治理的大部分理论，都聚焦于如何治理上市公司。相较于此，非上市公司的治理问题更需要被关注。在强调建设多层次资本市场的今天，如何将处于发展创新阶段且面临监管转型需要的非上市公众公司治理问题提上议事日程，针对其特殊性制定具体的公司治理规范，已成为资本市场面临的重要课题。

　　作为提升非上市公众公司质量的基础工程，也是重要组成部分，建立制衡有效、披露适当的公司治理结构，既是该类公司公众性的内在之义，也是其持续健康发展的重要保障。绝大多数企业在挂牌后，公司治理水平和规范运作程度都"倒逼式"地有了一定程度的提高。但实践中，依然有相当一部分非上市公众公司在"半真半假"地规范着自身治理。基于非上市公众公司具有一定封闭性的股权结构，以及成长发育的制度环境，大股东、实际控制人及内部经理人有滥用权力的天然倾向，中小股东的合法权益时常被侵犯。在行为惯性导向和治理成本约束的双重作用下，挂牌公司无法在短时间内将既存的公司治理缺陷整改完美，而制度的不完善又助长了一些不合规行为的气焰，给非上市公众公司治理监管带来了严峻挑战。

非上市公众公司价值的实现以公司的良性治理为前提，忽视对其治理结构特殊性的考虑，转而不加区分地以股份公司的治理方式来对待具有阶段性发展差异的非上市公众公司，其治理成效可以想象。长期以来，受制于我国法律对于公司分类过于简单和粗线条的二分法，法定的公司形态只有股份公司和有限公司两种，并经实际运作后，已产生了不合时宜之处。且就股份公司和有限公司的治理要求而言，差异并不明显。再进一步到非上市公众公司上，公司治理的灵活性和特殊性更是受制于现有规定，无法彻底反映出来。作为公众公司和封闭公司的衔接点与临界状态，非上市公众公司无法在现有的法律体系中找到自身定位，在制度上面临着"巧妇难为无米之炊"的困境，使得有必要对其公司治理的特殊性给予充分关注，并通过治理规范的制定，帮助非上市公众公司规范运作，提升其公司治理水平，保护中小股东和其他利益相关者的合法权益。

公司治理结构由一整套内外部机制组成，用来管理、监督、奖惩所有公司治理参与者的安排和关系，以为股东创造可持续的长期价值和保护其他利益相关者的利益。在非上市公众公司治理的路径选择上，是完全交由公司章程让市场力量自我约束和修复，还是需要公权力的强制性规范，是对非上市公众公司治理监管的正当性基础之所在。在公司治理规范制定方面，美国从州、联邦到证券交易委员会都制定了各自的规则。除此之外，公司治理规则的软法化在美国也表现得尤其突出。就目前非上市公众公司发展状况及治理要求而言，其与软法治理在制度供给与需求、价值导向、治理方式等方面有较高的契合度。通过以公司治理指引为代表的治理规范的制定，以一种软法化的制度供给和责任约束，在尊重公司自由意志、提高公司盈利能力、满足利益相关者多元化利益诉求中求得平衡。

在效力上，非上市公众公司治理指引不具有法律上的约束力，仅作为一种自律管理规范存在。公司可以根据实际，选择最适合他们自身的最佳做法，自主决定是否按照治理指引来完善公司治理机制。在制度框架上，一是增强指引的针对性和指导性，使之能够直接作为指导文件援用，并对上位规则中的原则性规定予以阐释。二是将现行规定中有关非上市公众公司治理的规范进行整合，并参照德国模式和美国模式，将指引在结构上分为法律规范重述、公司治理实践指南和相关附注。三是引入"遵守或者解释"原则，在公司治理的灵活性和规范性上取得平衡。

在内容上，对公司控制权进行合理配置，在股东、董事会、管理层之间形成互相制衡的机制是公司治理的重点，也是完善内部治理机制的着眼点。一方面，基于其特殊的股权结构、控制权模式以及治理现状，进一步优化其内部治理结构。另一方面，通过实行董事长与总经理两职分离、完善董事会成员的选任与构成、强化控股股东的信义义务等手段，构建适合其发展与规范的内部治理机制。同时，在外部配套制度完善上，释放机构投资者参与公司治理的红利，建立三位一体的央地监管协作机制，进一步遏制大股东滥用控制地位，并实现对中小股东利益的维护。

在信息披露上，有效的公司治理机制需要一套有效的信息披露体系，而高质量的信息披露又将有助于公司投资效率的提高。目前，对于非上市公众公司的治理要求大多通过信息披露来实现，但实践中，一些公司在披露中相关重要信息缺失，所披露的信息在投资者决策的有用性上大打折扣，也大大降低了公司治理的透明度，一些暗箱操作和侵害中小股东利益的行为未能受到很好地遏制。鉴于此，在制度设计中，应妥善考虑信息披露的价值选择平衡，在投资者利益保护、成本与效率间寻求平衡点，进一步深化差异化信息披露的监管要求，在设定最低披露义务之余给发行人充分的披露自治权，将压严压实主办券商在信息披露上的把关责任与加重对于少数关键人员的处罚力度并举。

除了基本的理论分析与制度建议外，在未来的监管畅想中，一是在强调通过公司治理规范对非上市公众公司进行引导的同时，在传统监管模式的基础上，进一步探索科技监管的新路径、新方法，突破现有监管局限和瓶颈，提高监管效率。二是对于申报北京证券交易所（以下简称"北交所"）的非上市公众公司，以保荐人为代表的中介机构扮演着独立于发行人之外，就重大事项向投资者提供独立、客观信息的"声誉中介"和专家群体的角色，需进一步强化中介机构在各自勤勉尽责标准下的核查把关责任、标准和边界。三是基于治理缺陷——发现难、取证难等客观实际,在有限的监管资源下,"全民监督"显得尤为重要和必要。从公司治理的执法角度出发,构建多方参与的证券稽查制度,可以有效弥补证券监管工作的不足,降低监管成本,并对市场中公司治理乱象起到震慑作用。

目 录
\\\\ CONTENTS \\\\

·············· 实践运行篇 ··············

制度建议篇

监管随想篇

基础理论篇

第一章

非上市公众公司：基于监管需要的
非法定公司形态

第一节 我国公司形态的历史变迁

公司源于西方社会特殊的经济和社会土壤，在长期的历史演变中，诞生出不同的公司形态，并被各国法律所接受和认可。[1]可以说，由于商品经济发展的阶段性，每一时期都有主流的公司组织形态，以及客观存在的其他组织形态的公司。具体到我国来说，"公司"一词并非根植于本国土壤而诞生的一个概念，其是以西方公司组织形态为模板，在自然经济向资本主义经济转轨、计划经济向市场经济转轨的过程中，结合本国实际进行规整，并逐步稳定下来。[2]从历史演变看，最初的商业组织以独资和合伙两种形态存在，早在明末就有了合股经营的形式，其与欧洲早期发展起来的合伙经营团体较为相似，可以被视为我国公司组织的萌芽。[3]近代公司的实践以鸦片战争时期华商附股、官督商办形式为表现，在其示范效应下，民族资本企业由此兴起并逐步发展。甲午中日战争失败后，清政府于 1904 年颁布了《钦定商律》，其中的《公司律》是我国历史上第一部公司法。[4]作为英美法系和大

---

〔1〕 参见赵吟："公司法律形态研究"，西南政法大学 2014 年博士学位论文。
〔2〕 参见赵万一主编：《公司治理的法律设计与制度创新》，法律出版社 2015 年版，第 11 页。
〔3〕 参见黄速建：《公司论》，中国人民大学出版社 1989 年版，第 71 页。
〔4〕 参见赵吟："公司法律形态研究"，西南政法大学 2014 年博士学位论文。

陆法系混合的产物，其以 1856 年英国《合股公司法》、1862 年英国《公司法》以及 1899 年日本《商法典》为蓝本，按照股东人数、责任形式和募集方式等要素，对公司进行了合资公司、合资有限公司、股份公司、股份有限公司这一简单的分类。[1]新中国成立后，在国民经济恢复时期，公司组织形态较之前未有大的变化。直至改革开放后，我国公司组织形态在演进中逐渐定格了下来。1979 年，《中华人民共和国中外合资经营企业法》的颁布赋予了公司新的生命力。在接下来的十年中，《国务院关于进一步清理和整顿公司的通知》《公司登记管理暂行规定》《中华人民共和国私营企业暂行条例》的颁布，拉开了国企股份制改革的浪潮。1993 年，《中华人民共和国公司法》（以下简称《公司法》）的诞生，改变了以所有制为标准的立法模式，为现代企业制度的建立提供了有力的法律保障。其中，关于公司类型的划分，虽然产生了是否应将无限公司、两合公司等纳入调整对象的争议，但最终法律还是选择了股份有限公司和有限责任公司的二分法并一直沿用至今。《公司法》的颁布，使得公司成为实然的市场经济意义上的商业主体，但由于特殊的历史背景，该法自颁布之初就一直带有浓厚的服务国企改制的色彩。[2]

市场经济的发展程度加深，使得客观环境对公司形态提出了新的要求，然而传统的公司形态已无法满足这一需要。为了稳固市场地位，各国均在不同程度上围绕公司组织形态的创新，在基本公司形态基础上不断衍生新的公司形态。从客观实际可以看出，公司组织形态多样化是经济社会发展不可逆转的趋势。其中，出于应对市场竞争的需要，有些形态源于经济活动实践，有些形态则是人为创设。例如德国本身就已有两合公司、无限公司、股份公司、有限公司等类型划分，但在严格资本制度的影响下，大量公司出走海外。为了寻求制度竞争优势，德国在 2008 年创设了经营者公司这一有限公司的特殊类型，与有限公司形成双轨制。日本 2005 年公司法改革，统合了

---

〔1〕 参见赵万一主编：《公司治理的法律设计与制度创新》，法律出版社 2015 年版，第 14 页。
〔2〕 参见赵吟："公司法律形态研究"，西南政法大学 2014 年博士学位论文。

有限公司和股份公司，同时创设了类似美国 LLC 改良品的合同公司形态。在制度惯性的作用下，在新的公司组织形态出现并逐渐取代旧有公司组织形态的过程中，此前被社会广泛认可的旧有形态并不会立即消失，而是在新旧交替中显现出边缘的重合性和关联性。

第二节　非上市公众公司的法律移植与制度流变

一、公众公司是英美法系国家对于公司的一种分类形式

公司组织形态是公司作为社会关系主体在现有法律框架下的存在形式。从各国近些年公司法的发展来看，围绕着公司组织形态的变革与创新，各国都在立法层面予以了一定的完善，以期在制度竞争中拔得头筹。公司组织形态的划分对公司内外部权利义务关系的确定有着重要影响，[1]其不仅涉及公司及股东对外的责任关系，也与公司内部治理结构紧密相关，是公司法的基础性核心问题。[2]

公众公司一词作为制度上的舶来品，是英美法系对于公司的一种分类形式。在英美法系国家，公众公司和私人公司是公司法框架下的两种公司类型。在英国公司法看来，以股份流动性为标准分为公众公司和私人公司。除了在公司章程中载明为公众公司的股份公司或保证有限公司之外，其余为私人公司。私人公司不能向公众发行股份或上市交易；公众公司可以向公众发行股份，达到上市条件的可以上市交易。不过就一些学者看来，英国模式下的非上市公众公司监管相对较为薄弱。何美欢教授在《公众公司及其股权证券》一书中指出，公司与证券法规所调整范围的狭窄，以致几乎所有旨在保障公众投资者的条文都只适用联交所上市公司。鉴于英国模式的许可性，具有公众性的非上市公司的投资者会处于易受伤的境地。对于在既有法律框架

---

〔1〕　参见杨喆、汪敏达："非上市公众公司监管制度：现状、问题及展望"，载《证券市场导报》2016年第3期。

〔2〕　参见赵万一主编：《公司治理的法律设计与制度创新》，法律出版社2015年版，第1页。

下公司组织形态的法律适用，其又提出，可以在不改变公司和证券规范结构的情况下，将适用于上市公司的条款延伸到公众公司上。[1]

而在美国，公众公司和私人公司的区别主要还是在于公司规模和证券交易上的不同，而非公司治理结构的差异，所以有关公众公司的规定更多见于证券法律之中。[2]不过美国公司法也按照人数标准区分了私人公司和公众公司，前者股东人数相对较少，一些州的公司法将其限定为 30 人或 35 人以下。[3]因为股东人数不同，公众性有差异，二者所涉及的公司法问题不尽一致，因此在规则上也作出了适当区分。[4]在联邦证券法律体系层面，1933年《证券法》和 1934 年《证券交易法》分别对报告公司和公众公司进行了规范。不过对于这一非严格意义上的法律概念，相关规范也没有对其内涵、外延进行过严谨解释。但实务界都约定俗成地以确定公司信息披露责任为立法初衷，将这类按照规定向美国证券交易委员会（以下简称"SEC"）注册并履行报告义务、向公众进行信息披露的公司称之为报告公司。又因其中涉及诸如公众利益等公众化因素，而被称为公众公司。综观我国法律规定，无论是《公司法》还是《中华人民共和国证券法》（以下简称《证券法》），皆未出现"公众公司"字眼。在我国《公司法》下，股份公司和有限公司是公司的基本分类形式，体现为内外部治理结构和股权结构不同的公司分类标准，反映的是两种公司形态人合与资合属性的结合程度和强弱。可以见得，在公司分类标准方面，我国与英美法系国家的区分标准在关注度上有很大的差异。

---

〔1〕 参见何美欢：《公众公司及其股权证券》（上册），北京大学出版社 2000 年版，第 19 页。

〔2〕 参见郭锋等：《金融发展中的证券法问题研究——以金融创新中的法律制度构建为路径》，法律出版社 2010 年版，第 237 页。

〔3〕 See James D. Cox, Thomas L. Hazen, *Business Organizations Law*, St. Paul: West Academic Publishing, 2011, p. 44.

〔4〕 See Robert Charles Clark, *Corporation Law*, 转引自陈颖健："事实公众公司制度研究"，载《证券市场导报》2016 年第 4 期。

二、我国非上市公众公司的词义变迁

(一) 我国公司类型的划分基础

从本质上看，对于公司类型划分的基础是代理理论，划分的目的是解决股东与经营者之间、控股股东与中小股东和非控股股东之间、公司与利益相关者之间的冲突问题。[1]与《公司法》不同，我国《证券法》基于监管需要，以公司股票是否在交易所上市为标准，将公司划分为上市公司和非上市公司。虽然这一划分标准暗含两类公司在公众性上存在差异，但还是与英美法系国家基于公众性对公司类型进行划分存在一定区别。

公众公司虽然不是我国法定的公司形态，但却是在相关规范中实然存在的一个概念。不过从立法基础而言，非上市公众公司作为被明确提出的法律概念，缺乏《公司法》上的制度支持。现行立法所采用的有限公司和股份公司二分法，与公众公司和锁闭公司的分类在一定程度上存在交叉，但并非包含与被包含的关系。[2]在2005年《证券法》第一次修订颁布以前，股票发行和上市在法律规定上并未作割裂化的区别，公开发行的证券必须在证券交易所上市交易，此时的公众公司和上市公司可以说是画等号的。但修订后的《证券法》对公开发行的概念进行了调整，通过对公开发行的界定和扩大解释，向不特定对象发行证券或向特定对象发行证券累计超过200人都属于公开发行。同时，将公开发行与上市交易进行了分离，前者需要中国证券监督管理委员会（以下简称"证监会"）核准，属于行政许可行为；后者仅需交易所审核同意，并与之签订上市协议。因此，在股份公司项下，公开发行股票的公司理论上存在上市公司和非在交易所上市的公开发行的公司之分，后者即我们所称的非上市公众公司。可以看出，无论是在法律规定层面，还是在实践中，我国均存在与英美法系相似的公众公司制度，只不过其不是一

---

〔1〕　参见刘迎霜："我国公司类型改革探讨——以非公众股份有限公司为视角"，载《广东社会科学》2014年第1期。

〔2〕　参见祁畅："中国非上市公众公司监管的结构性变革——兼论中国公众公司的法律内涵重构"，载《云南社会科学》2018年第1期。

种法定的公司形态而已。从此意义上说，非上市公众公司概念的出现，是《公司法》关于公司类型的划分标准与《证券法》基于实践需要对公司进行监管分类的一种制度与实践的冲撞。

（二）法律的修改为非上市公众公司的制度构建留足了空间

证券法的价值之一是保护投资者，判断某一类投资者是否需要得到证券法的特殊保护，抑或是保护的强弱程度，是与目标公司的公众性结合在一起的。在资本市场中，相当一部分具有公众性的公司无法通过参与方的"自发秩序"来实现保护投资者利益与证券流动性的兼顾、与筹资便利和证券市场运行效率的协调。证券法在很大程度上是为这些公司固定"游戏规则"，从而降低交易成本、尽量避免信息偏在导致的系统性风险。但长久以来，在我国公司类型二分法的大框架下，法律并不过多地以公众性为着眼点来进行公司法律制度设计，公众公司的概念以及对于股份公司基于监管需要而进行的更为细致的分类，在很大程度上被上市公司的"光芒"所掩盖。可以说，在《证券法》未修订前，我国按照大陆法系标准对公司所作的分类从证券监管角度来说，并未产生监管政策上的困扰或变革需要。在《证券法》修订后，通过对公开发行的细化界定以及证券上市交易核准权的下放，一方面扩大了《证券法》的监管范围，另一方面也将证券发行与证券上市区分开来，为非上市公众公司的制度构建留足了空间，并在股份公司内部以公众性为标准，划出了一条触及公众利益的红线，由此产生了在股份公司项下按照证券监管需要对于公司形态的二次分类。

（三）英美法系视野下的公司法与证券法

在英美法系国家看来，传统理论下公司法与证券法区分的两个方面：一是内外事务的区分——公司法规范公司内部行为，而证券法关注外部事务；二是关于信息披露的区分——证券法本身即由众多信息披露要求构成，而公司法施加的是实质管制。另有学者也提出了新的理论框架，即区分投资的不同阶段和法律保护的不同目标——证券法保护交易行为，而公司法保护所有者权益。其认为，对正在买入证券和已经拥有证券的投资者的保护规则是不同的。投资者容易受到两种类型的损害：以不公正的价格买入卖出证券和因公司的不当行为而导致证券价值的下降。对于这两种不同伤害，证券法保护交易行为的手段是公开发行监管、定期披露要求，以及对市场欺诈、市场和中间商的管制；而公司法保护所有者权益的手段是公司治理结构、信义义务、收购监管、债权人保护等。证券法之所以具有强制性是因为其具有清晰的政策目标：促进公平的交易价值，而不同时间范围的长期和短期所有者所期待目标的不同，导致公司法难以制定统一的标准，因此公司法是由多样化的、授权性规则组成。[1]

（四）非上市公众公司的制度根源与词义变迁

相较于旨在解决公司运行与治理等私法问题的公司法，证券法不仅涉及证券组织关系、交易关系，同时也兼顾证券监管关系，公私法混合特点明显。为了满足证券监管需要，在无法对公司法作整个体系上变革的情况下，只能将制度规范在一定程度上与证券监管割裂开。作为证券监管视角下一种特殊形式的非法定公司形态，非上市公众公司依据公司法成立，向一定范围的公众发出包括发行、转让及其他交易行为在内的要约，并履行法律法规所要求的持续信息披露等义务。可以看出，一定程度的社会公众性，是对非上市公众公司监管的逻辑起点与制度渊源。[2]

非上市公众公司从学理概念向制度概念的转变始于 2006 年发布的《国务院办公厅关于严厉打击非法发行股票和非法经营证券业务有关问题的通知》（以下简称"国办发〔2006〕99 号"）。在《证券法》颁布实施后不久，"国办发〔2006〕99 号"中首次用了"非上市公众公司"这一提法，将非上市公众公司界定为"公开发行股票但不上市的股份有限公司"。这是我国在制度规范层面第一次对非上市公众公司下的定义，并在概念界定中着重考察了公开发行和上市交易两个要素。按照这一立法逻辑，在股份公司项下除了上市公司外的非上市股份公司，又可分为非上市公众公司和以非公开方

---

〔1〕　See James J. Park, "Reassessing the Distinction between Corporate and Securities Law", *UCLA Law Review*, Vol. 64, 2017.

〔2〕　参见祁畅："中国非上市公众公司监管的结构性变革——兼论中国公众公司的法律内涵重构"，载《云南社会科学》2018 年第 1 期。

式发行的非上市股份公司两类，后者就是俗称的"两非公司"。非上市公众公司由规范性法律文件正式上升为部门规章的规定，始于2013年实施的《非上市公众公司监督管理办法》（以下简称《监督管理办法》）。长期以来，在股票发行核准制下，证监会对于公开发行的审核较为严格，公开发行200人的门槛实质上限制了非上市公司的定向融资和股权转让行为，这对于股东人数临界200人的股份公司来说是一大打击，也严重影响了非上市股份公司的流动性。在此背景下，《监督管理办法》从部门规章的层面对非上市公众公司的概念进行了明确界定，并对"国办发〔2006〕99号"关于非上市公众公司的定义作了扩展式解释。在通过公开转让[1]成为非上市公众公司之外，又新增了向特定对象发行或转让导致股东人数超200人这两种情形。但从另一方面来说，200人这一股东人数在立法技术上是否具有合理性？以股东人数进行划分的逻辑在于，股份流动必然带来股东数量的增长，而流动性又与保护投资者的必要性呈正相关。[2]股东人数虽然是判别公众性的重要影响因素，但以一个具体数字来生硬地进行公众性划分，不可避免地带有武断的性质。[3]与此同时，非上市公众公司概念的出现又凸显了《证券法》对该类公司的监管困境。对于上市公司来说，《证券法》已作出了相应的制度安排；但就非上市公众公司来看，中小股东无法过多寻求《证券法》层面的保护，同时在控股股东和实际控制人的行为规范、公司信息披露的制度要求等方面，缺乏公众公司监管制度予以监督。[4]

---

〔1〕 在全国股转系统看来，公开转让在性质上等同于公开发行，都需要证监会核准。但是，公开转让后不超过200人的豁免核准，参见《国务院关于全国中小企业股份转让系统有关问题的决定》（以下简称《国务院决定》）之规定，股东人数未超过200人的股份公司申请在全国股份转让系统挂牌，证监会豁免核准。挂牌公司向特定对象发行证券，且发行后证券持有人累计不超过200人的，证监会豁免核准。

〔2〕 参见陈颖健："事实公众公司制度研究"，载《证券市场导报》2016年第4期。

〔3〕 参见黄辉：《现代公司法比较研究——国际经验及对中国的启示》，清华大学出版社2011年版，第67~68页。

〔4〕 参见傅穹、关璐："非上市公众公司的制度价值与规则检讨"，载《上海财经大学学报》2013年第1期。

三、非上市公众公司的法律定位与规范适用

我国《公司法》移植大陆法系的公司分类体例，按照公司股权构成方式和股东责任承担的基础不同，将公司分为股份有限公司和有限责任公司，并在原有法律框架内"偏袒"地对有限责任公司以及上市公司花大量笔墨进行制度设计，却无形中忽视了对非上市股份公司的法律指引。虽然我国目前对于公司类型的二分法在大陆法系国家看来是"金科玉律"，但这一分类标准在我国当下无法有效反映公司形式所蕴含的对于公众利益的涉入界限，并进而导致了公司治理和证券监管上的难题。2005年日本《公司法》的修改创造性地打破了100多年来沿袭的对于公司类型的划分方式，取消了有限公司并将其统合进入股份公司，且以公开性为标准，在股份公司内部对于公开程度不同的公司加以区别规定。这与日本中小企业数量占压倒性优势的实际，以及为建立适合于中小企业的公司法改革思路是相一致的。[1]但在坚持公司类型二分法的我国，行政监管部门基于实际需求而创设非上市公众公司这一概念并加以监管，虽然满足了多层次资本市场建设的需要，但这样一种尚未由任何法律规范所定义的概念仅是为了配合对上述各类别公司进行有效监管的实际需求而产生，并非公司法意义上对公司组织形式的一种新的划分方法。在法律适用上，除了《监督管理办法》之外，《公司法》和《证券法》是规范非上市公众公司的两部"母法"。在公司设立、内部治理结构等问题上必然不能突破《公司法》关于股份公司的一般规定。由此我们不禁思考，在股份公司项下不加区分地对开放性和流动性不同的公司采取同一标准的公司治理要求，显然是不合理的。进一步而言，若对股东人数较少且公司章程对股份转让进行一定限制的股份公司，以及具有一定资金规模且股东人数相对较多甚至采用隐名投资方式成立的有限公司，赋予不同的公司治理要求，势必产生名义不同、实质相同的公司适用不同法律规则的不公平现象，这又

---

〔1〕 参见刘小勇："论股份有限公司与有限责任公司的统合——日本及其他外国法关于公司类型的变革及启示"，载《当代法学》2012年第2期。

必然会引起整个市场的不效率。

四、与本书研究有关的若干概念界定

（一）非上市公众公司中的挂牌公司和不挂牌公司

对于非上市公众公司的再分类，按照是否在全国中小企业股份转让系统（以下简称"全国股转系统"）挂牌为标准，可以分为挂牌公司和不挂牌公司。依据《国务院决定》和《监督管理办法》的规定，全国股转系统是经国务院批准，依法设立的全国性证券交易场所，属于公开交易市场。凡是公开转让的非上市公众公司一定要在全国股转系统挂牌，在全国股转系统挂牌的公司一定是非上市公众公司，即上文中提到的挂牌公司，也就是本书的研究对象。但除了挂牌公司之外，还包含另一类不挂牌的非上市公众公司，即定向发行和定向转让导致股东人数超过200人的非上市公众公司，其可以选择不在股转系统挂牌转让，从而形成了不挂牌的非上市公众公司。根据监管实践，除了有公开转让需求的公司可以在全国股转系统挂牌外，其余没有流动性需求的不挂牌公司因为历史遗留问题等原因，暂时豁免证监会行政监管和全国股转系统自律管理。[1]但暂时豁免监管并非意味着不受任何监管约束，其仍应遵守《监督管理办法》等相关规定，在股份定向发行和转让上，不得采取非公开协议转让以外的方式；当定向发行或转让后股东人数超过200人时，应当向证监会申请核准。鉴于众多因历史遗留问题而现有监管制度又无法触及的非上市公众公司真实存在，以及该类公司以人合性和封闭性为主的特性和现有监管实际，本书暂不对不挂牌的非上市公众公司作研究。

（二）由于历史原因形成的股东人数超过200人的未上市股份公司

从《监督管理办法》的规定来看，似乎只要是股东人数超过200人的股份公司都属于非上市公众公司，这种理解与市场实践存在一定差别。《监督管理办法》实施后，除了通过首次公开发行（以下简称"IPO"）成为上市

---

〔1〕 参见中国证监会非上市公众公司监管部编著：《非上市公众公司监管工作手册（2014）》，中国财政经济出版社2014年版，第212页。

公司之外，只有通过公开转让、定向发行、定向转让才能使股东人数超过 200 人，进而成为非上市公众公司。所以在《监督管理办法》实施后，股东人数超过 200 人的公司皆属于公众公司。但是在《监督管理办法》实施前，特别是 2005 年《证券法》第一次修订前，法律对于公司股东人数并无前述限制，现实中也实然存在大量符合当时法律和社会环境的股东人数超过 200 人的公司。

结合非上市公众公司产生的历史渊源和时代的特殊性，历史遗留的股东人数超过 200 人的非上市公众公司主要可以概括为以下六种：一是 2005 年《证券法》第一次修订前股份公司以发起方式设立导致股东人数超过 200 人的公司；二是 1994 年国家经济体制改革委员会叫停定向募集审批之前股份公司募集设立导致股东人数超过 200 人的公司；三是设立时股东人数未超过 200 人，2005 年《证券法》第一次修订前因发行新股导致股东人数超过 200 人的公司，或设立时股东人数未超过 200 人，2005 年《证券法》第一次修订前因股东定向转让股份导致股东人数超过 200 人的公司；四是 2005 年《证券法》第一次修订后，由于不涉及上市或者挂牌问题，一小部分游离于证监会监管之外、在各类证券交易市场挂牌的股东人数超过 200 人的公司；五是城市商业银行、农村商业银行等符合《关于规范金融企业内部职工持股的通知》，并经中国银行保险监督管理委员会（以下简称"银保监会"）出具监管意见的银行业股份公司。

上述在性质上属于股东人数超过 200 人的非上市股份公司，它们地处区域分散，大多不进场交易，既没有主办券商的持续督导，也缺乏自律监管机构的持续关注，导致经营状况、股份管理等情况难以被监管机关掌握。[1]这些股东人数众多、但尚未有效规范的公众公司长期游离于资本市场监管之外，在公司治理、信息披露等方面尚有较大待改进之处。[2]需要经过一定期

---

〔1〕　参见周芬棉："建立监管协作突发事件处置机制"，载《法制日报》2015 年 4 月 25 日，第 06 版。

〔2〕　参见杨喆、汪敏达："非上市公众公司监管制度：现状、问题及展望"，载《证券市场导报》2016 年第 3 期。

限的规范运作后，逐步纳入《监督管理办法》的监管范围。所以修改前的《监督管理办法》在第 65 条作了缓和性的过渡规定，本办法施行前股东人数超过 200 人的股份有限公司，不在全国股转系统挂牌公开转让股票或证券交易所上市的，应当按相关要求规范后申请纳入非上市公众公司监管。[1]经过两年多的工作推进，证监会在 2015 年颁布的《关于加强非上市公众公司监管工作的指导意见》（以下简称《指导意见》）中指出，由于派出机构身处监管一线、与地方政府沟通协调较为便利，且不挂牌公司数量有限，监管内容清晰，工作总量不大，由派出机构负责不挂牌公司日常监管。在监管重点上，一是以公司自治为基础，以信息披露和股份托管为工作重点；二是要求派出机构配合地方政府有关部门，对不挂牌公司非法股票发行行为予以打击，做好风险处置工作。[2]

第三节 我国现有公司类型划分标准下的制度失衡

一、公司类型二分法下分类界限的模糊化

作为现代公司特点和发展方向的股份公司是近代公司制度的起源并已运行了三百多年。随着经济的发展，由于一定的社会、经济等诸多因素所需，更加简单、灵活的有限公司形态开始出现，同时也成为对股份公司形态的一种制度补充。[3]从此意义上说，有限公司只是股份公司的特别形态或是为了满足中小企业发展所需的一种制度上的协调，并非与生俱来的一种公司类型。一般认为，股份公司和有限公司的区别主要是在公司规模、股东人数、公开性上。法律也总是有意无意地从股东人数、资本规模再到法人机关的设

---

〔1〕 现行《监督管理办法》在第 41 条将这一提法改为：本办法施行前股东人数超过 200 人的股份有限公司，符合条件的，可以申请在全国股转系统挂牌公开转让股票、首次公开发行并在证券交易所上市。

〔2〕 参见周芬棉："建立监管协作突发事件处置机制"，载《法制日报》2015 年 4 月 25 日，第 06 版。

〔3〕 参见蔡元庆："股份有限公司章程对股权转让的限制"，载《暨南学报（哲学社会科学版）》2013 年第 3 期。

置，为公众树立了一种股份公司规模更大、人数更多、公开性更强的印象。但这些区分皆非本质区别。从规模上看，将有限公司和股份公司等同为小型、闭锁型公司和大型、公众性公司的观念已逐渐被实践所淡化和颠覆。综观我国实际，比股份公司规模更大的有限公司大量存在，其在规模上可以与上市公司相匹敌。且就横向比较而言，诸多大陆法系国家也不再对有限公司的规模加以限制。所以规模差异不应是区分股份公司和有限公司的关键要素。至于股东人数，大多数国家更是不加限制或放宽规定。特别是在隐名投资被法律认可后，有限公司股东上限 50 人的规定其实可以很轻易地被突破。从另一方面来看，限制股东人数上限虽然可以理解为是国家在合理限度内对于公司自治的强制性干预，但从契约自由角度而言，对股东人数的限定完全可以通过公司章程这一股东间协议的形式来完成，这也是对股东契约自由的尊重。[1]再者，就公开性来看，股份公司的公开性大体上优于有限公司，这源于有限公司可以在法律任意性规则下通过公司章程来对股份转让、股东表决权等事项进行个性化约定。但实践表明，越来越多的国家对股份公司也开始以任意性规则替代强制性规则，赋予股份公司股东通过公司章程行使一定的自治权。这样看来，有限公司与股份公司的界限越来越模糊和软化。

二、传统大陆法系划分标准已无法满足现实需要

对于大陆法系国家而言，股份公司与有限公司二分法依然被坚持着。但实践中，从公众性而言，有限公司和股份公司两种形态的区分度仍然不够，一些规模大的有限公司和小规模的股份公司并无大的差异，尤其是对于股份公司中流动性不强的偏锁闭性公司来说，难以真正同有限公司区别开来。[2]更进一步说，在流动性和公众性上，股份公司内部也存在较大差异。与上市公司相比，非上市股份公司的流动性更趋稳定，其可以通过在公司章程中设置特定条款来限制股份流动。即使对于在地方股权交易中心挂牌的企业而

---

〔1〕　参见董慧凝：《公司章程自由及其法律限制》，法律出版社 2007 年版，第 64 页。

〔2〕　参见王延川："公司类型：规范区分与司法适用"，载《当代法学》2015 年第 3 期。

言，由于投资者适当性、交易制度等限制，流动性并未显著高于有限公司。所以，股份公司股份可以自由转让，只是基于转让行为的"准物权"[1]属性从整体角度的一种面上区分，至于股份是否可以不受任何限制地流动还是取决于交易场所、交易主体、交易制度，抑或转让行为是否与章程、股东大会的意志相违背。[2]现代公司法的实践也表明，越来越多国家允许股份公司通过公司章程对股份的自由转让作出一定限制。[3]从此意义上说，只要是对股份自由转让有限制的股份公司，其公开性和流动性就会打折扣，甚至可以达到与有限公司无异的状态。所以在大陆法系各国，许多有限公司和股份公司之间的共同点大于它们之间的差异。但在现行立法体制下，它们因被注册为不同的公司类型而适用不同的法律规则，所导致的是法律规定和适用之间的偏差和不平等。[4]可以看出，因为规模和公开性不同而在公司治理上施以不同规则要求的公司类型二分法已无法满足实际的需要，大陆法系国家也都相继另行根据公司规模的不同再行制定更加细化的规则或另创设新的公司形式，以弥补原有公司形式划分的不足。[5]

---

〔1〕 股份转让，法律意义上即为股东权之转让。公司事业在法律上归属于法人公司所有，股东虽然在名义上丧失了其所投入资本的所有权。但若从实质观察，公司事业理所当然归于股东所有，各股东依所投入的资本比例持有公司，这种概念上的持有表现为法律上的股东权。换言之，股东名义上丧失的资本所有权实质上变形为股东权，即股东权是所有权之变形物。由所有权股权化的角度观察，股份转让不啻为所有权之转让，学理上称之为"准物权行为"。

〔2〕 参见［美］莱纳·克拉克曼等：《公司法剖析：比较与功能的视角》，刘俊海、徐海燕等译，北京大学出版社2007年版，第13页。

〔3〕 例如日本原《商法》第204条规定，股份可以转让他人。但是，不妨碍以章程规定转让股份应当经过董事会的同意。2005年日本新的《公司法》第107、136条原则上仍遵循上述规定。从限制时间来看，既允许公司设立之初就在章程中做出此种限制，也允许成立后通过修改章程的方式做出这种限制。德国《股份公司法》第68条第2款规定，股份公司的章程可以规定股份的转让必须得到公司的同意。参见蒋学跃："股份有限公司章程限制股份转让合理性探讨"，载《证券市场导报》2011年第4期。

〔4〕 参见李建伟："有限公司制度的发展趋向及我国的立法选择"，中国民商法律网2006年4月6日专栏文章，http://old.civillaw.com.cn/article/default.asp?id=25625，最后访问日期：2017年1月6日。

〔5〕 参见刘小勇："论股份有限公司与有限责任公司的统合——日本及其他外国法关于公司类型的变革及启示"，载《当代法学》2012年第2期；［法］伊夫·居荣：《法国商法》（第1卷），罗结珍、赵海峰译，法律出版社2004年版，第228页。

三、公司类型划分标准背后的治理规则适用

对于公司类型划分合理与否的讨论并不在于标准本身，而在于其适用的法律规范的差异。对于股份公司和有限公司，现有规定在公司治理、机关设置、利润分配等方面都给予了后者在任意性规范下较大的自主权，而对前者更多地施加的是强制性规定。法律对此区分的意义或许在于，有限公司的管理权与经营权较为合一，而股东又是自身利益的最佳判断者，不存在信息不对称的情况。管理层在创造自身利益的动机激励下，更能切实经营好公司、减少代理成本，并就利益分配及约束事项达成合意，从而降低交易成本，避免利益冲突给公司带来不利损害。[1]所以法律对于人合性较强的有限公司给予了更多的制度尊重和通过内部合意解决经营中问题的机会。而股份公司人数较多，管理权与风险负担分离程度高，大量的股份由外部股东持有，潜在且巨大代理成本的存在，使得通过制度安排给管理层套上一个适当的"枷锁"，并引入外部监督机制来适当减少所有权与控制权分离所产生的代理成本成为需要。故而对于股份公司，法律多是以强制性规范来降低经营者的代理成本，并对中小股东可能出现的"理性冷漠"进行纠偏。然而，正如前文所述，非上市股份公司与有限公司无论在公司规模，还是在公众性、流动性等方面均未有明显差异，但却适用不同的公司治理规则，于是就引出了公司类型划分标准背后的治理规则适用问题，这也是对非上市公众公司治理问题的研究目标之一：纠正类型划分不当所产生的制度适用不公平。

四、现有公司分类标准背后问题凸显

在我国现有法律框架下，公司类型划分产生的问题很多，既有划分标准设置的问题，也有立法技术和法律规范设计的问题，还有不同类型公司在法律规则适用上的不公平问题。就前者来说，将公司分为股份公司和有限公司

---

〔1〕　参见毛玲玲："论闭锁公司和公众公司立法范式之区分——合同路径下的公司法修改之一"，载北京大学金融法研究中心编：《金融法苑》，中国金融出版社2003年版，第35~50页。

这种非黑即白的二分法，会产生大量游离在界限周围、特征相同却分属两种公司类型的"公司群"。封闭性和人合性是有限公司的特性，但除上市公司以外，股份公司中具有封闭性特征的企业不在少数，特别是一些中小规模且股东人数不多的公司，股东间相互信任的人合关系也是维持公司内部日常运行的重要基础。以公司规模、股东人数或者流动性为划分标准本身凸显的局限性，使得二者的区分意义从目前看来仅为完成股份制变更是公司上市的前置步骤而已。其实对于这两种不同类型的公司，法律在制度设计上的确作出了一定的区分，并且这些要素的设置旨在反映这种区别的实质——开放性与封闭性的不同，这也是真正影响制度需求的关键所在。然而我国《公司法》对于开放性和封闭性差异的量化又仅停留在表面差异之上，未能作出实质性区分，导致了制度区分度无法满足实践的需要。如果让特征相类似的公司适用不同的法律规定，无疑会产生制度适用上的不公平。

其次，《公司法》的框架及条文设计无法满足实践对于立法的需要。我国现行《公司法》共13章218条，总则在宏观上阐述了立法目的、对于具体概念的理解和基本公司制度，鲜见关于公司运行的规范；第二章和第三章规定了有限公司单独适用的规范；第四章和第五章围绕着股份公司的设立、组织架构和运行进行了与有限公司着眼点相似的规范；之后的章节多是关于公司运行过程中涉及的普遍适用的规范。从立法框架来看，《公司法》应以规范涉及公众利益明显的股份公司为主，对于封闭性占优的有限公司更应强调私法自治。所以在结构的设置上应是先股份公司、后有限公司的编排体例。有限公司可在直接适用股份公司规范的基础上，仅规定特殊适用的规范，并赋予其较大的自主权。但我国采取的先有限公司、后股份公司的立法体例，使得规范股份公司的条文绝无适用于有限公司的可能。再就条文数量上看，我国《公司法》对于股份公司的规范数量明显不足。包括股东会/股东大会、董事会的召开和职权在内的有关公司设立和组织结构的规定，有限公司和股份公司几乎完全相同，在公司治理要求上并无明显区分，这不得不令人怀疑是立法过于追求简约而忽视了法律规范对于闭锁公司和公众公司不同经济结构的适用。[1]股份公司的公众性和复杂度明显强于有限公司，它们对制度的刚性需求更加强烈，所以在立法上应尽量详尽。从法律规范而言，股份公司的规模和特征有着层次性，有些规则确实不能适用于所有的股份公司。对于公众性处于不同层次的股份公司而言，本不应适用相同的规则，现行立法却忽视了这一点。这样的结构设计使得规范无法满足实践需要的同时，还存在着立法重复与缺失的问题，一方面造成立法资源的浪费，另一方面也无法有效发挥既有立法的效用。

最后，目前分类标准所秉持的立法思路反映到法律条文上存在制度上的不合理。我国《公司法》将公司划分为股份公司和有限公司两类并分别规定，就条文的区分性来说，同时存在着过头与不足。之所以说区分得太过，是因为法律并未规定不同类型的公司规范可以参照使用。而事实上，除了基于公众性的考虑，只对某一类公司有意义，而对另一类公司完全没必要适用的规范以外，还存在着许多应当通用于所有公司类型的规范，却因为现有公司分类和立法框架，以及法律未授权规范可以参照适用的现状，而只能适用于某一类公司的情况。另一方面，有限公司和股份公司的规范区分度又尚显不足，没能体现出严格规范股份公司和为有限公司预留足够自治空间的立法理念。[2]且在股份公司项下，还存在着忽视公司之间的规模和特征区别，使得差距较大的公司适用完全相同规则的情形。特别是有些仅适用股份公司、对有限公司不适用的法律规范，也会因股份公司规模的差异而对于某些封闭性较强的股份公司无须适用。结合上文论述，法律以在净资产范围内把资本划分为等额股份来区分有限公司和股份公司的实践意义仅体现在股份公司是有限公司上市的前置步骤上。有限公司变更为股份公司有着较为繁杂的程序要求和物质支出，这对于公司来说虽然不是障碍，但上述程序的负担是非必要的。公司只要满足发行上市的财务指标、持续经营能力、治理和披露等要

---

〔1〕 参见毛玲玲：“论闭锁公司和公众公司立法范式之区分——合同路径下的公司法修改之一”，载北京大学金融法研究中心编：《金融法苑》，中国金融出版社2003年版，第35~50页。

〔2〕 参见李沐雨：“公司分类模式及其立法规范适用研究”，中国政法大学2012年硕士学位论文。

求即可，至于公司形式，可以在上市的时候一并完成公司类型的变更，而不需要因为公司类型的障碍将有限公司上市拆成两步走。否则反而会增加企业的融资负担，影响企业的公平发展权，并导致"引发上市包装""引发 PE 腐败"等弊端的出现。[1]

第四节 对我国公司分类标准修改的若干建议

一、公司分类标准重划的改革思路

我国现行公司分类标准采用的是大陆法系分类模式，大陆法系国家在有限公司和股份公司的划分标准上虽然也蕴含了封闭与公开的区分要素，但制度安排并非以此为价值根基。加之立法在相关概念区分上的模糊认识以及价值取舍上的摇摆不定，使得两类公司形态的界限日趋模糊，[2]股权分散度和管理结构甚至在某些时候可能与其原本固有的状态相悖。在英美规模较大的公众公司中，股权分散的所有权结构很普遍，但在其他很多国家，公众公司经常被持股集中的单一股东或股东集团所控制。[3]在相当多的公众公司中，管理层本身因为持有数量相当的股份而承担一定的经营风险；相比而言，许多闭锁的私人公司也因运作风险资本等融资手段而使公司具有管理与风险负担相分离的公众公司特征。[4]这使得公司规模与监管严苛度常呈现逆相关，甚至可以说，现行规则在无法满足实践之余甚至为某些大公司规避法律监管创造了更多可能性。

与大陆法系多种法人公司类型并存不同，英美法系国家的法人公司原则

---

[1] 参见蒋大兴："公司组织形态与证券（融资）权利——摈弃有限公司'改制上市'的法律习规"，载《现代法学》2013 年第 1 期。

[2] 参见李建伟："有限公司制度的发展趋向及我国的立法选择"，中国民商法律网 2006 年 4 月 6 日专栏文章，http://old.civillaw.com.cn/article/default.asp?id=25625，最后访问日期：2017 年 1 月 6 日。

[3] See Ronald J. Gilson, "Controlling Shareholders and Corporate Governance Complicating the Comparative Taxonomy", 转引自 [英] 艾利斯·费伦：《公司金融法律原理》，罗培新译，北京大学出版社 2012 年版，第 5 页。

[4] 参见 [美] 弗兰克·伊斯特布鲁克、丹尼尔·费希尔：《公司法的经济结构》，张建伟、罗培新译，北京大学出版社 2005 年版，第 258 页。

上只有股东承担有限责任这一种。至于所谈及的英美法系公司类型划分，也都是在上述单一法人公司类型项下所做的讨论。[1]英美法上占主要地位的是公众公司，从法律规范的数量和完善程度来看，被强制性规范束缚着的公众公司更受到法律的"青睐"，私人公司则因为其封闭性而被赋予了诸多在任意性规范下的自治权。在我国下一步改革中，可以以开放型和封闭型作为公司类型的划分基础，对于开放程度不同的公司进行分层次规范。具体而言，开放型公司和闭锁型公司与股份公司和有限公司并非对应关系，股份公司的外延涵盖了开放型公司和一部分的闭锁型公司；而有限公司虽属封闭公司，但与同样具有封闭性特征的发起设立的股份公司可以适用相同规则。所以科学整合不同制度对于不同种类公司的适用是关键。于是下一步改革就有两种方案可以选择，一是在大陆法系背景下借鉴日本公司法的改革思路，取消有限公司形式，将其合并进股份公司，在股份公司项下按开放性程度划分为不同层次的公司形态；二是吸收英美法系的标准，将公司划分为开放型公司和闭锁型公司，有限公司和具有封闭性特质的股份公司合并为闭锁型公司，其余的股份公司划为开放型公司。

二、公司形态改革中有限公司不可盲目取消

在公司类型重划的改革思路中，无论是哪种模式，都会在股份公司内部根据开放程度不同产生股份公司的层次性区分，并对应不同的"游戏规则"。开放型股份公司大致对应的是公众公司的概念，但就闭锁型股份公司来说，不同国家有着不同的处理方式。英美法系国家没有股份公司和有限公司之分，闭锁型股份公司在它们看来属于封闭公司或是私人公司的范畴。美国法学会在《公司治理原则：分析与建议》一书中认为，封闭公司是指股份由少数人持有且不得在交易市场中进行交易的公司。[2]其实美国早在1933年

---

　　〔1〕　参见刘小勇："论股份有限公司与有限责任公司的统合——日本及其他外国法关于公司类型的变革及启示"，载《当代法学》2012年第2期。

　　〔2〕　See American Law Institute, *Principles of Corporate Governance: Analysis and Recommendations*, section 1. 06, 1994.

《证券法》、1934 年《证券交易法》和《关于封闭公司补充规定的示范文本》中就已有对封闭公司的专门立法。与美国从股份是否可以公开交易来定义公众公司和封闭公司不同，英国以是否可以公开募集股份来区别公众公司和私人公司，并在 1985 年《公司法》中，将公司明确地分为私人公司和公众公司两类。大陆法系的日本在 2005 年《公司法》修改后，取消了有限公司的形态，将其归入股份公司中去，并在股份公司内部按照公开性和规模进行更为细致的区分。所以在日本的公司法律体系中，闭锁型股份公司是存在的。就我国来说，闭锁型股份公司的内涵对应的是非上市股份公司项下除了非上市公众公司之外的这部分公司，至于后者的提法尚未有统一共识，笔者较为赞成非公众股份公司这一提法。但遗憾的是，我国法律并未在股份公司项下对上市公司、非上市公众公司和非公众股份公司作制度上的区分。闭锁型股份公司的提出给长期以来坚持股份公司和有限公司二分法的大陆法系国家带来了又一新的问题，即是否有必要以闭锁型股份公司来取代同样是具有封闭特性的有限公司形态。

笔者认为，任何一种法律的变革都不可能是一蹴而就的，其必然要在改革之前通过一定时间汲取新制度的核心或是本质，并渗透进旧制度中去。只有经过多年的发展，在理论界和实务界已经普遍接受后，与在此基础上衍生出的规则一起才能构成改革后较为完备的规则体系。我国有限公司数量庞大，以此为依据制定的行政法规、部门规章和规范性法律文件更是不计其数，如果强制取消该种公司形式，可能对现有制度体系造成较大的冲击，商事主体可能一时也无法适从。在尚未对股份公司进行分层次规范的现状下，将闭锁型股份公司的内部治理和运营管理的权限皆交由股东通过协议的方式来决定，有学者对中小企业是否有足够能力来设计一揽子股东协议表示怀疑，并指出这将使得闭锁型股份公司有可能成为最复杂的公司形态。[1]

可能有观点认为，与我国同属大陆法系的日本在 2005 年取消了有限公

---

〔1〕 参见李建伟："有限公司制度的发展趋向及我国的立法选择"，中国民商法律网 2006 年 4 月 6 日专栏文章，http://old. civillaw. com. cn/article/default. asp? id=25625，最后访问日期：2017 年 1 月 6 日。

司形态，我国可对其制度适当进行效仿和移植。但笔者要指出两点，其一，日本公司类型改革不溯及既往，原有的有限公司形态由公司自行选择是否继续保留。在新旧公司形态并存的局面下，日本新《公司法》是否可以游刃有余地实施，其效果又如何，尚待时间的检验。其二，同样不能忽视中日两国在公司种类多样化上长期存在的差异。与欧盟国家通过修正有限公司制度、使之与股份公司保持制度差距和独立性不同，日本虽然表面上消灭了有限公司形态，但有限公司制度本身很大程度上在不公开的股份公司的制度安排中得到了保留，并与公开的股份公司区别开来。其在改革方案中对于持份公司的引入，实际上又承担了原有限公司的功能，填补了有限公司形态取消后公司组织形式选择的不足。所以，与其说日本取消了有限公司形态，倒不如说其实现了股份公司名称一元化下的公司形态选择多样性，同时造就了有限公司制度的新生。那么在公司类型二分法的我国，若取消有限公司形态，使所有法人企业都归于股份公司项下，是否可以满足公司的多样化需求？笔者持保留态度，并认为取消有限公司形态就可行性来说尚待考量。故而建议在我国《公司法》的下一步改革中，可以借鉴英美法系的立法思路，重新整合目前的公司类型，将股份公司定位为公众公司，包括上市公司和非上市公众公司；同时将原发起设立的股份公司与有限公司进行制度合并，突出开放型公司和闭锁型公司的区别。这样一方面整合了现有不平衡的公司制度资源，另一方面也避免了对制度体系进行颠覆性改造而可能造成的规则动荡。

三、规范编排上以股份公司为基础的"由繁至简"的调整

任何一部法律的结构都不是单纯的无意义存在，其总是在为了满足市场经济发展的需要中发展和完善的。作为公司法结构的表现形态之一，公司法律形态的规范及规范结构的重要性不言而喻。[1] 在人们对各种公司的性质和功能已有深入认识的今天，随着经济和社会的发展，股份公司在各种公司形态中赢得了主导地位，但以有限公司作为优位公司形态基础上建立起来的公

---

〔1〕　参见王保树："公司法律形态结构改革的走向"，载《中国法学》2012 年第 1 期。

司法，结构性缺陷凸显。[1] 从大陆法系国家的立法传统来看，公司法在编排体例上，有限公司都是作为股份公司简化形态出现，以任意性和原则性规范为主，所以在编排上依附于股份公司，在立法上准用股份公司的规范。但我国《公司法》所采用的"统分结合"的立法模式，一方面用若干章节集中性地对两类公司的共性问题进行了规范；另一方面按照先有限公司后股份公司的立法编排，分章节分别规范两类公司，并对其中的相似事项，在股份公司的规定项下以准用性规则的方式使得有限公司的规定予以适用。按照立法技术惯例，对于其他未明确是否可以参照适用的规范，股份公司不得直接援用有限公司的规范条文。[2] 这种以规范有限公司为根基的立法结构无疑会给正确适用和解释法律造成障碍，并提高立法的成本。

从立法技术上说，一部质优的法典一定具有较为严密的逻辑结构，这事关法律的适用和解释，也体现了对于所规范社会关系的立法初衷。所以《公司法》改革的第二个方面就是对条款的排列和逻辑结构进行调整，以适应开放型公司和闭锁型公司的实际需要。与西方国家公司的起源方式不同，我国公司形态的萌芽是从有限公司开始的。在 20 世纪 80 年代股份制改造还没开始前，当时国营公司、集体所有制公司虽说是一种资合公司，但采取有限责任公司的形式比较适合。[3] 当时学界也都普遍认为，有限责任公司是最有效率的一种组织形式，股份公司是作为前者的一种制度弥补而存在。[4] 根据原《股份有限公司规范意见》《有限责任公司规范意见》，在设立的一万多家股份制企业中，有限公司所占比例超过 70%。[5] 在 1993 年《公司法》颁布时，为国有企业改制服务被视为该法的立法功能之一，主要规范对象也是国

---

〔1〕 参见叶林、刘向林："论我国公司法立法结构的变革"，载《政法论丛》2010 年第 3 期。

〔2〕 参见蔡元庆："对我国公司分类模式的思考——从法律适用的视角"，载王保树主编：《商事法论集》，法律出版社 2012 年版，第 44~52 页。

〔3〕 参见叶林、刘向林："论我国公司法立法结构的变革"，载《政法论丛》2010 年第 3 期。

〔4〕 参见钱玉林："我国《公司法》体系的重构——一种解释论的观点"，载《政治与法律》2021 年第 2 期。

〔5〕 具体数据参见叶林、刘向林："论我国公司法立法结构的变革"，载《政法论丛》2010 年第 3 期。

企改制后的有限公司而非以自然人股东为主的中小规模有限公司，这也是与大陆法系其他国家有限公司法律规范服务对象的一大显著区别。因此，在此背景下建立起来的《公司法》是以规范国企改制后的有限公司作为立法的出发点，而后通过强制性规范的增设来满足股份公司的制度需求，这也是在我国特殊的社会和经济发展背景下法律所作的历史选择。但基于当时时代背景所设计的条款也会随着经济发展、商业实践和立法思维的革新而与现有需要相背离。从公司发展的历史沿革看来，大陆法系的股份公司和英美法系的公开公司是最早出现的具有法人资格的公司，是自然产生的公司形态；有限公司和封闭公司制度皆为立法者创设出的对上述两种公司形态的补充。更有甚者认为，有限公司是立法者在股份公司之外创设的另一种形式的资合公司，[1]是作为一种小型股份公司而存在。[2]抛开不同法系国家的差异不谈，就公司的成因、影响力和牵连度来说，融资能力强、公众性广的公司应该得到立法者更多的青睐。既然如此，作为能够有效利用最大规模证券市场的股份公司形式就成为不二选择。[3]所以在立法的编排上，可以以股份公司或公开公司作为制度规范的基础，在法律条款的拟定上向这类公司倾斜；并将有限公司或封闭公司视为前者的特例，采取以任意性规范为主的简化适用法律的立法模式，即允许股东依照意思自治制定公司日常运行规则，在有关股份公司规范的基础上，在公司章程中自主选择股份公司规范的适用以及排除某些强行性规范的适用，并借以作为调整有限公司规范的来源。

---

〔1〕 参见［德］格茨·怀克、克里斯蒂娜·温得比西勒：《德国公司法》，殷盛译，法律出版社2010年版，第288页。

〔2〕 参见［美］伯纳德·施瓦茨：《美国法律史》，王军等译，中国政法大学出版社1990年版，第8页。

〔3〕 参见［日］上村达男："何为公开公司法'理论'——以资本市场与股份公司法制度为中心"，熊洁译，载黄红元、徐明主编：《证券法苑》，法律出版社2013年版，第284~294页。

第二章

非上市公众公司治理的法学分析

第一节　法学视角下的公司治理理论

一、公司治理的源与流

公司治理一词是个舶来品，最早出现于 20 世纪 70 年代的美国。在伯利和米恩斯的《现代公司与有私财产》一书中，最先提出了由于现代公司经营权和所有权分离，可能导致管理者行为与股东利益产生偏离的公司治理问题。从公司治理理论的发展历程来看，股东、董事会和经理人之间制衡关系的塑造是初期公司治理的主要特征。之后历经演变，至现代公司治理阶段，则是将公司治理视为一种旨在解决资本所有者与企业经营者及其他利益相关者之间关于权利、义务、责任和风险分担的有关企业所有权的制度安排。[1]传统的公司治理理论多围绕所有权与经营权分离的公众持股公司展开，这些公司一般向社会公众公开募股，股东人数众多且股权较为分散。在充满流动性的市场中，股份可以自由转让。中小股东一般不直接参与公司的日常管理和运作，而是交由专门的职业经理人负责。所有权和经营权分离程度越高，将不可避免地带来公司实际经营者和所有者之间的目标冲突，进而产生严重的委托代理问题。[2]

---

〔1〕　参见赵万一、华德波："公司治理问题的法学思考——对中国公司治理法律问题研究的回顾与展望"，载《河北法学》2010 年第 9 期。

〔2〕　See Michael C. Jensen, William H. Meckling, "Theory of the Firm: Managerial Behavior, Agency Costs and Ownership Structure", *Journal of Financial Economics*, Vol. 3, 1976.

现代公司的管理层尽管被假定是为了股东的利益行事，但是所有权和经营者是背道而驰的利益主体的本质却无法改变。所有者对于投入回报的期望与经营者自利行为的差距，就是代理成本产生的根源。[1]为了降低代理成本，对中小股东进行保护，就需要建立一整套制度框架来规范经营者的行为，这就是公司治理理论的出发点。

对于公司治理的界定，国内外学者曾用不同的方法和分析视角给予了多样化的解释。在经济和管理领域，公司治理研究如何通过例如契约、组织结构和立法等激励机制，来获得有效的公司治理方式。从委托代理理论出发，公司治理还可以被定义为一种协调所有者和经营者的利益并使后者对前者负责的过程。另有观点从公司治理主体及约束出发，将公司治理视作资金提供者确保其投资可以获得回报的方式，[2]公司治理也因此被视为一种组织结构、制度安排、决策机制或是经营权配置机制。同样，公司治理也是一个法律上的概念，其更注重股东权利的执行和公司的监督责任，以及股东、管理层和董事会之间的权利平衡与规范制约。[3]规范的目的旨在将所有者与经营者之间的权利义务关系通过制度安排来合理配置，防止经营者决策对所有者利益产生背离。因而从广义上讲，公司治理可以被概括为关于公司控制权和剩余分配权的一系列法律、文化和制度性安排。[4]

二、公司治理的法律解读

莱纳等人在《公司法剖析：比较与功能的视角》一书中指出，公司法是关于公司治理公平与效率的基本法律规范，其确立了公司组织机构以及支持该机构动态运行的相关规则，并调整公司内部人与外部人之间的利益冲

---

〔1〕　参见罗培新：《公司法的合同解释》，北京大学出版社 2004 年版，第 9~10 页。

〔2〕　See Shleifer, A., R. Vishny, "A Survey of Corporate Governance", *The Journal of Finance*, Vol. 52, 1997.

〔3〕　参见〔美〕扎比霍拉哈·瑞扎伊：《后〈萨班斯–奥克斯利法〉时代的公司治理》，陈宇译，中国人民大学出版社 2009 年版，第 16 页。

〔4〕　参见张维迎：《企业理论与中国企业改革》，北京大学出版社 1999 年版，第 85~86 页。

突。[1]可以看出，公司法功能和目标的实现最终都要通过对公司治理的规范来达成。

作为资本市场的基石，公司治理问题是提高经济效率、促进经济增长，以及增强投资者信心的一个关键因素。[2]从研究视角而言，公司治理是一个横跨诸学科的概念，其不仅是一个经济学问题、一个管理学问题，它还是一个法律问题，甚至是在资本社会化后，减少经理人对于投资者"剥削"的政治问题，只是后者在法治化的市场经济国家更多是借助公司治理的法律途径来实现的。[3]虽然有学者指出，约束经理人的法律途径、政治途径等并非十分行之有效的手段，但公司治理的法律途径在公司治理机制中的基础性地位不可动摇，并与其他机制相互影响。[4]实践中，公司治理是用以描述由董事会所决定的有关公司日常运作的决策和控制的过程。有效的公司治理必然包括了一整套严格的确定各方职责、强化责任制和后果的约束和平衡机制。所以公司治理在法律上可以被视为由法律、法规、契约和以市场为基础的机制及最佳实务所推动的、在创造股东价值的同时保护其他利益相关者利益的制度安排。[5]在我国，企业上市或者挂牌的一个重要动因就是筹资。所以上市或挂牌也可以被理解为是对商业银行间接融资功能的一种替代，并进而演变为一种公共政策工具。股份在资本市场流动，所面对的多数是不特定的社会公众，上市或挂牌公司的不当行为会导致政府承担更高的交易成本和维护成本。在此背景下，政府需要通过一定的经济管制措施对市场竞争主体的不当

---

〔1〕 参见［美］莱纳·克拉克曼等：《公司法剖析：比较与功能的视角》，刘俊海、徐海燕等译，北京大学出版社 2007 年版，第 24 页。

〔2〕 See OECD. *Principle of Corporate Governance*, 2004.

〔3〕 参见郑志刚："外部控制、内部治理与整合——公司治理机制理论研究文献综述"，载《南大商学评论》2006 年第 2 期。

〔4〕 See Michael C. Jensen, "The Modern Industrial Revolution, Exit, and the Failure of Internal Control Systems", *The Journal of Finance*, Vol. 48, 1993.

〔5〕 参见［美］扎比霍拉哈·瑞扎伊：《后〈萨班斯-奥克斯利法〉时代的公司治理》，陈宇译，中国人民大学出版社 2009 年版，第 16 页。

行为进行矫正，公司治理就应运而生了。[1]

　　本书所探讨的法学视角下的公司治理，是包含公司组织架构、运营规则、管理规范、监管制度等在内的系统性制度安排，在结构上可以分为公司内部治理规则和公司外部治理规范两部分。公司内部治理机制是公司治理的核心，其从所有者与经营者的关系出发，通过公司法、证券法以及公司章程、股东间协议等文件，明确划分股东、董事会、经理人各自的权责和利益，从而搭建股东与管理层之间以及控股股东与一般股东间的制衡结构。而公司外部治理结构则旨在对内部治理机制加以强化，主要通过为公司活动参与者设计"游戏规则"来约束管理者和股东的行为，多为涉及政府、债权人、中介机构、自律组织等利害相关者的外部法律、规则和制度。[2]法律在公司治理中作用的发挥大致也是围绕着这两部分展开，一方面表现为以公司法、证券法中的强制性规范约束包括董事、高管等在内的公司当事人的行为；另一方面通过合同法、行业自律准则等非强制性规范来监督包括公司章程、股东及企业间协议等在内的涉及公司运行和管理的协议的履行。

三、公司治理目标是股东利益最大化

　　证券投资者具有双重身份，站在公司法视角而言，投资者是内部人股东。而在证券法看来，投资者更应该被视为外部利益方。于是就产生了投资者的公司法上的内部人股东身份和证券法上的外部利益方或是金融消费者的角色定位之争。如何协调这种冲突，是在非上市公众公司治理中所不可忽视的，也是较难破解的一点。[3]从证券法的视角去考量投资者在公司法上的股东身份，能更好地将两种身份定位统一起来，也更有利于股东权益的保护，

---

〔1〕　参见孙光焰：《公司治理的理论分析框架与法律制度配置》，中国社会科学出版社2012年版，第2页。

〔2〕　参见上海证券交易所投资者教育中心："公司治理与股东权利"，载《上海证券报》2007年7月23日，第A5版。

〔3〕　参见孙光焰：《公司治理的理论分析框架与法律制度配置》，中国社会科学出版社2012年版，第3页。

并为其广泛参与公司治理提供适当的路径。在证券市场中，投资者保护一直是法律制定者和执行者所奉行的一条至高无上的准则。对投资者保护基于一个最基本的价值判断，即投资者保护与对金融市场发展的促进呈正相关。一个证券市场可以没有证券交易所、没有证券服务机构，但不能没有投资者。当投资者渐渐流失于市场之外时，即为市场危机的开始。[1]所以一国经济最为优先的是，维持投资者对市场公平性的信心。投资者向某一企业投资的动力一定是以确信自己的利益能够受到保护、能以独立的投资决策带来收益为基础的。而健全的公司治理机制可以帮助企业提高运营能力、降低整体风险，具有减少经营者违法滥权和监督防腐的作用，这正是投资者利益保护的重要前提，同样也是作出投资决策的必要基础。当投资者的权益受到保护时，他们就愿意更多地购买证券并吸引潜在的投资者，从而较为容易地为企业发展筹集到资金。这对发行人来说，是一种更具吸引力的做法。[2]而当公司治理存在严重缺陷，使得投资者利益无法得到充分保护时，因为难以取得投资者的长期投资，只能转而以较高成本筹资或短期炒作，进而导致企业在竞争中处于不利地位。甚至而言，这种投机泡沫长此以往，就是引发金融危机的内生性因素。所以也可以说，公司治理的目的就是为了保障股东权利，实现股东利益的最大化，同时满足相关利益者的不同利益要求。[3]

第二节　代理理论下的非上市公众公司治理

一、中小投资者利益保护是非上市公众公司治理的出发点

对具有一定封闭性的非公众股份公司而言，建立现代企业制度，理顺产

---

[1] 参见刘沛佩："非上市股份公司投资者保护制度研究——以合格投资者制度为核心"，载《中国证券》2014年第5期。

[2] See Rafael La Porta, Florencio Lopez-de-Silanes, Andrei Shleifer & Robert Vishny, "Investor Protection and Corporate Governance", *Journal of Financial Economics*, Vol. 58, 2000.

[3] 参见上海证券交易所投资者教育中心："公司治理与股东权利"，载《上海证券报》2007年7月23日，第A5版。

权关系，并完善公司治理机制是转型为非上市公众公司，继而进入全国股转系统挂牌交易的前提条件。在挂牌后，从公众性出发，信息披露与透明度、投资者保护、健全公司治理机制等依然是非上市公众公司无法回避的制度要求。可以说，建立并优化公司治理框架，并通过真实、准确、完整的信息披露实现对投资者的保护是公众性对于挂牌公司的内在要求，同时也是非上市公众公司可持续发展的客观需要。[1]

在公众公司内部，作为委托人的股东将公司的决策权委派给作为代理人的经营者。由于个人本位价值观下所有者和经营者利益出发点的不一致，代理人为了个人私利而损害委托人，特别是中小股东利益的行为时有发生，这在股份分散的公众公司中尤为常见。我国非上市公众公司股权结构呈现高度集中性，所有者与经营者身份合一。这样一种股权结构在集体行动上较易达成一致，但带来的直接影响是原始持有或通过全国股转系统受让股份的中小股东，他们不具备参与公司经营的能力，更缺乏对身兼管理者和大股东双重身份的发起人的监督，被包裹在受机会主义行为侵害的风险之下。由此引发的身兼经理人身份的大股东违背信义义务，掏空中小股东利益的情况更是不容小觑。与有限的资金投入和收益相比，中小股东过多关注、参与公司运行所耗费的成本与收益不对称，所以非上市公众公司的中小投资者普遍存在"投票冷漠"的现象。他们怠于关注公司的日常经营活动，宁愿"用脚投票"也不愿去参加公司股东大会，但选择理性冷漠的中小股东一方面要承担公司管理层的机会主义给股东造成损失的代理成本，另一方面自身权益也可能因为控股股东对公司资产的掠夺而遭受损害。[2]自从《监督管理办法》及相关配套措施出台后，做市商交易制度的引入、投资者准入门槛的降低都为市场的活跃及散户投资者的参与做了很好的铺垫。鉴于全国股转系统投资风险明显高于沪深交易所市场的特性，对非上市公众公司施加一定的公司治

---

〔1〕　参见周宁："我国非上市公众公司的法律规制研究"，哈尔滨工程大学 2017 年硕士学位论文。

〔2〕　参见孔东民等："冷漠是理性的吗？中小股东参与、公司治理与投资者保护"，载《经济学（季刊）》2013 年第 1 期。

理要求不仅将促进该市场的发展，对于保护中小投资者的权益也将大有裨益。研究表明，在一个良好的公司治理机制下，外部投资者的利益可得以保护，而法律在投资者保护上的作用程度又是这一公司治理机制形成的关键。[1]故而从保护中小投资者利益出发，需要对非上市公众公司在自我治理之外施加一定的强制治理要求。

二、非上市公众公司不存在显著的所有者与经营者矛盾

如果用英美法系中公众公司和闭锁公司的划分标准对我国的公司进行一个分类，那么非上市公众公司恰似处于公众公司和闭锁公司的临界状态。与有限公司这一典型的闭锁公司相比，非上市公众公司具有股份公司所特有的资合性。这一资合性在实践中的要求就是在融资渠道上具有广泛性和公开性、在资本的动态交易中具有较好的流动性。但非上市公众公司的资合性可以说是非完全的。受制于长期以来股票公开发行即上市制度的影响，非上市公众公司在不上市的情况下进行规模性融资的难度很大。虽然《监督管理办法》将向特定对象发行或转让后股东超过200人的公司纳入监管框架，在全国股转系统挂牌的非上市公众公司也日趋增多，但实践中，与上市公司这一典型的公众公司相比，非上市公众公司在交易规模、换手率、成交效率等方面明显低于主板市场，大部分公司的流动性依然堪比有限公司，具有明显的私人性与契约性。所以用适当的公众性来形容非上市公众公司丝毫不为过。在绝大多数非上市公众公司中，管理层本身因为持有数量相当的股份而承担一定的经营风险，所有者与经营者之间的矛盾似乎不需要过多的协调。[2]现阶段二者合一的封闭性特征，以及寻求公司价值最大化的价值本位，使得代理成本并非法律对非上市公众公司进行规制的主要原因。

---

[1] See Rafael La Porta, Florencio Lopez-de-Silanes, Andrei Shleifer & Robert Vishny, "Investor Protection and Corporate Valuation", *Journal of Finance*, Vol. 57, 2002.

[2] 参见刘沛佩："非上市股份公司股份转让市场的制度完善"，华东政法大学2013年博士学位论文。

三、传统的委托代理模型无法适用非上市公众公司治理

公司法的主导范式是代理成本理论，在该理论下，公司法的角色是通过将更多的控制权分配给股东，降低公司管理层的代理成本。但传统的委托代理模型并不能很好地应对非上市公众公司的治理困境。

首先，代理成本理论本身也有诸多缺陷。其一，代理成本理论认为，企业控制权授予管理层，形成控制权和所有权的两权分离，其唯一目的是便利公司从公众融资，实现规模经济。但实践表明，许多独资企业的控制权也转授予管理层。[1]其二，对于公众公司，特别是上市公司而言，代理成本理论难以解释即使上市公司已实行分层董事会、双层股权结构等强有力的反收购措施，投资者依然愿意向这样的上市公司投入资本。因为如果规模经济是将控制权授予管理层的唯一收益，投资者没有理由以这种方式进行自我限制。其三，委托代理模型的一个重要前提假设是所有权和控制权相互分离，此假设直接导致了所有的结论都是围绕着经理人与股东间的利益冲突展开。所以在英美法系国家，公司治理问题更多表现为管理层的自利问题和对股东利益的侵犯，可以归结为所有权与经营权分离下的管理层违约性代理问题。公司法的首要目标是试图构建一部以界定和限制公司权力为中心的"宪法"，用来规范董事会和经理人的特权。[2]换言之，即为公众公司不同法人机关之间的权力制衡提供一个恰当的制度安排，这也是公司法面临的一个主要问题。[3]虽然管理层行使企业控制权而产生的成本与投资者行使控制权而产生的成本呈负相关，但公司治理的目标是使上述成本之和最小化，即

---

[1]　See Zohar Goshen & Richard Squire, "Principal Costs: A New Theory for Corporate Law and Governance", *Columbia Law Review*, Vol. 117, 2017.

[2]　See Nicholas Wolfson, *The Modern Corporation: Free Markets Versus Regulation*, New York: the Free Press, 1984.

[3]　See L. C. B. Gower, *Gower's Principles of Modern Company Law*, London: Sweet &Maxwll, 1992, pp. 16–17.

控制权成本的最小化，而不是单一的代理成本最小化。[1]从此意义上说，立法者应当允许一定幅度内的治理自由，让企业分配控制权，以最小化控制权成本。

其次，在以我国为代表的所有权与控制权高度集中的资本市场中，公司治理问题更多表现为大股东对中小股东利益的压榨，属于中小股东被动承受大股东越权代理的侵权性代理问题。[2]我国非上市公众公司的大股东往往身兼经理人的角色，即大股东与经理人身份合一。他们拥有足够的权力去掌控公司事务，主导并影响公司的经营决策，所以传统的委托代理理论通常不适用于股权集中度较高的、所有权与经营权合一的公司。从我国非上市公众公司股权结构来看，整体而言公司股权掌握在少数股东手中，高度集中的股权结构也使得建立在所有权和控制权相分离基础上的委托代理理论在非上市公众公司的治理中出现"水土不服"。[3]数据显示，在我国非上市公众公司中，只存在大股东和中小股东两种类型。在这些公司中，所有权与控制权也相互分离，只是这种分离并不发生在股东与经理人之间，而是存在于股东内部，也就是大股东与中小股东之间。大股东所持大额股份创造出控制权收益，并通过控制权共享收益和控制权私人收益来表现。共享收益是在大股东控制下所有股东从公司价值增长中按比例取得的收益。[4]在非上市公众公司中，公司管理层本身也多为大股东，他们不大可能为了追求自身利益而损害公司利益，进而间接导致其投入资本的不当减损。所以基于所有权与经营权的同一性，代理成本降低而增加的公司价值受惠于所有股东。但是大股东控制权私人收益的取得却是以损害中小股东利益为代价的，这种私人收益具有

---

〔1〕 See Zohar Goshen & Richard Squire, "Principal Costs: A New Theory for Corporate Law and Governance", *Columbia Law Review*, Vol. 117, 2017.

〔2〕 参见孙光焰：《公司治理的理论分析框架与法律制度配置》，中国社会科学出版社 2012 年版，第 3 页。

〔3〕 参见杨雄壬："论非上市公众公司治理结构合理化探究"，载《福建警察学院学报》2017 年第 5 期。

〔4〕 See Sanford J. Grossman, Oliver D. Hart, "One Share—one Vote and the Market for Corporate Control", *Journal of Financial Economics*, Vol. 20, 1988.

隐蔽性、排他性和不可转移性，外部人很难发觉并实际测算。在内外部监督机制不完善的情况下，"一股独大"所带来的天然治理缺陷更易显现，诸如董事会、监事会等法人机关在公司治理中同样存在丧失独立性，并进行"暗箱操作"的可能。[1]所以传统的所有者与经营者之间的代理问题，在非上市公众公司中就演变成作为大股东的经营者与中小股东的代理问题，也可以被理解为大股东对中小股东的利益侵占问题。如何防止大股东对中小股东利益的窃取就是非上市公众公司治理的主要任务。

第三节　我国非上市公众公司的治理特征

一、法律对非上市公众公司的治理要求较为淡化

21世纪将是公司治理理论及法律制度巨变的年代，与此相伴的是全球范围内对于非上市公司治理法律问题研究的热议，各国公司法和公司政策制定者也都在试图尽量排除非上市公司治理缺陷或失误。[2]然而一直以来，我国关于非上市公司的研究集中在股权托管登记制度、交易机制、股权转让制度、信息披露制度等问题上，少有关于治理规范特别是非上市公众公司治理问题的研究。当下我国的非上市公众公司治理特色非常不明显，系统性治理规范长期以来并未形成。究其原因，一方面在于非上市公众公司在部门规章层面被正式确认时间不久，相关制度正处于建设初期，且非上市公众公司公众性整体较弱的实际，使得无论是对于公司本身还是投资者而言，对于制度的渴求尚未引起立法者的注意。另一方面，在我国现行公司分类标准下，非上市公众公司依然可以适用一般股份公司的治理规范，至于其特殊治理规范的缺失也尚不足以达到影响社会公众利益的程度。[3]但不可忽视的是，让上

---

〔1〕　参见杨雄壬："论非上市公众公司治理结构合理化探究"，载《福建警察学院学报》2017年第5期。

〔2〕　See Guido A. Ferrarini, "Corporate Governance Changes in the 20th Century: A View from Italy", *ECGI-Law Working Paper*, No. 29, 2005.

〔3〕　参见万国华、王玲："中国OTC治理缺位"，载《董事会》2011年第1期。

市公司和非上市公众公司适用股份公司项下相同的治理规则，显然模糊了二者在公司治理和监管上的边界，非上市公众公司的治理原则和水平应该与上市公司、非公众股份公司有着根本性区分。适用同一标准，无论在逻辑上还是在实务操作上都会造成不小的困扰。

二、非上市公众公司治理具有双重特性

非上市公众公司从公开性、股份转让自由度等特征上来说，是介于有限公司和上市公司之间的一个形态，兼具开放性和封闭性。虽然非上市公众公司具有封闭性特征，甚至可以说在现阶段封闭性更为明显，但其也存在需要解决的公司治理问题，譬如股东意见冲突时司法救济问题、保障中小股东董事会职位问题、控制权和经营决策权的安排、股份转让限制等契约型公司治理安排等。[1]长远看来，也将会因为所有权与经营权分离程度的加大，产生委托代理成本，并出现开放型公司所具有的公司治理问题。但非上市公众公司治理又是一种特殊的制度安排，与有限公司在任意性规范下的契约自治和上市公司在强制性规范下的偏公法约束不同，其在治理和监管的制度设计上有很强的自律性和契约性，但又不乏强制性规范的制约，所以在治理框架的搭建上就不能套用上述任何一种公司形态的制度安排。虽然非上市公众公司在公司形态上被划入股份公司项下，不过就目前看来，大多数公司更多显现出的是封闭性特质。所以，现阶段对于非上市公众公司的治理要求不能一蹴而就地与发达国家比肩，否则极易出现美国在《萨班斯－奥克斯利法案》（以下简称《萨班斯法案》）实施后实践对制度的改革倒逼。

三、大股东控制为主的治理结构

正如前文所述，同样是股份公司，但非上市公众公司在流动性上与上市公司差异显著，更类似于有限公司。从交易形式上看，在实施做市商交易制度和竞价交易以前，非上市公众公司的流动性很大程度上可以被比喻为交易

---

〔1〕 See Franklin A. Gevurtz, *Corporation Law*, St. Paul：West Academic Publishing, 2000, pp. 449-529.

双方手牵手去全国股转系统办理交易登记，高度契约化与极具人合性成为该类公司的一个时代烙印。正因为较低的换手率，非上市公众公司在发展中保持了较为稳定的股权结构，并体现出大股东对于公司经营的绝对控制。

　　在我国资本市场中，控制股东侵害公司利益的现象一直较为严重，[1]如何有效规制控制股东对于治理规则的逾越是一个经久不衰的话题。众多研究表明，股权集中度与中小股东权益受侵害的可能性呈正相关，股权越是集中，中小股东利益被榨取的概率就越大，反之亦成立。[2]控制股东控制的根源在于占优的表决权，在这一背景下，其不仅可以基于资本多数决原则决定公司重大事项，还可以通过由此延伸而来的对董事选任的建议权达到控制董事会，从而实现对公司经营产生实质影响的效果。有学者指出，通过亲自参与或委派代表，控股股东组建了以自身利益为导向的董事会，[3]借助表决权优势和对管理层的控制，还可能出现将公司利益以各种方式输送给控股股东的情况。在此背景下，董事会和监事会，乃至所有治理手段都可能成为控股股东的附庸，不仅无法在公司治理中发挥应有作用，反而可能导致在表决权的"绝对压制"下，存在控股股东以牺牲公司利益为代价来谋取一己私利的风险。[4]另一方面，虽然理论上经营者可能基于一己私利侵害公司利益，但非上市公众公司的经营者大多同为公司股东，且多由控股股东担任。在共同的利益驱使下，所有者与经营者之间的矛盾在非上市公众公司看来更多体现为作为控股股东的经营者对中小股东利益的侵害。

---

　　〔1〕　参见范世乾：《控制股东滥用控制权行为的法律规制：中国公司法相关制度的构建》，法律出版社 2010 年版，第 16 页。

　　〔2〕　参见杨雄壬："论非上市公众公司治理结构合理化探究"，载《福建警察学院学报》2017年第 5 期。

　　〔3〕　参见孙丽：《公司治理结构的国际比较：日本启示》，社会科学文献出版社 2008 年版，第111 页。

　　〔4〕　参见朱大明、〔日〕行冈睦彦："控制股东滥用影响力的法律规制——以中日公司法的比较为视角"，载《清华法学》2019 年第 2 期。

第四节　非上市公众公司三层治理规范论

一、从封闭走向开放：公司治理要求的提出

充分知情的当事人是其自身效用或利益的最佳法官。[1]非上市公众公司的股东在公司初始设立时具有良好的人合性基础，合同或契约机制的效用较为显著，股东不存在系统性的信息不足，故而法律多保留了其任意性和自治性空间。通过赋予股东宽泛的公司治理决定权，允许他们通过缔结不产生消极外部性，即不损害第三方利益的任何合约来运行公司，能创造出更多的联合价值，从而具有社会效用。[2]但随着股份公开转让的进行和股东人数的增多，人合性因素逐渐消磨。股东间契约的封闭性减弱、开放性增强，股东之间也难以通过磋商、协议的方式达成合意。而开放性合同所内生的合意缺陷，伴随着契约的后续缔结者在信息知晓度、理解契约复杂含义的能力等方面的欠缺，使得在这样一种富有流动性的长期关系中，他们无法对未来的成本和收益作出恰当的估计。即使股东理解他们以合约试图排除适用的某些规则所保护的内容，他们依然无法预期或左右这种排除适用所可能导致的不可控的变化，这也将不可避免地为机会主义创造条件。所以一些强制性规范呼之欲出，以保护股东和利害关系人免于遭受公司对其利益的不当侵害。与此同时，股权结构的变化以及合意的不充分带来了股东间利益的分化和意见的分歧，公司僵局较容易产生。且机会主义倾向也致使股东违约的发生成为可能，这导致在人类有限理性下所制定的本不完备的契约更加无法执行。于是就需要打破建立在封闭性基础上的完全任意性的规则安排，对诸如董事义务、公司僵局的处理等事项作出强制性规定，并由立法确定一整套公司治理原则以及强制性规范和任意性规范的分野。这样在满足商事活动便捷性和效

---

〔1〕 参见［美］M. V. 爱森伯格："公司法的结构"，张开平译，载王保树主编：《商事法论集》，法律出版社 1999 年版，第 393 页。

〔2〕 参见赵万一、吴民许："论有限公司出资转让的条件"，载《法学论坛》2004 年第 5 期。

率性之余，将有助于避免大量的交易费用。[1]

二、基于公众性的非上市公众公司治理规范分野

非上市公众公司并非遵循资本市场的内在逻辑而在我国法治土壤上自发诞生的商业组织形式，其是立法者通过法律移植将域外制度嫁接到本土实践的产物。作为公众公司与闭锁公司的临界形态，非上市公众公司具有闭锁公司所表现出的大股东控制下所有权与经营权重合的治理结构。在此背景下，对非上市公众公司自律管理与行政监管的边界该如何划定？是更多地从保护公众投资者利益角度出发，对非上市公众公司课之以较为严格的治理要求？还是较多地考虑公司治理的灵活度，对公司治理结构设置、治理规范的适用采取放任态度？若不加区分地将非上市公众公司特有的治理规则"淹没"在股份公司的共性中，又未能及时制定实践所需的治理规范，毫无疑问将架空法律对非上市公众公司的调整功能。

对于非上市公众公司治理问题的研究是公司法和证券法皆无法回避的课题。基于非上市公众公司兼具人合性特点的公众性，以及较高集中度的股权结构，在治理机制搭建上，一方面尽量避免与上市公司同质化的治理模式，在尊重非上市公众公司经营实际的基础上，充分考虑监管目标、经营成本、监管手段的适当性与合理性，提出与公众性相匹配的监管要求；另一方面，也需正视非上市公众公司的公众属性本质与治理实际，从保障中小股东利益出发，施加与有限公司差异明显的治理要求。从治理规则适用的路径依赖而言，在公司类型二分法下，非上市公众公司基于股份公司的法律属性，必然要遵守公司法关于股份公司的治理规范；与此同时，作为兼具公众性特征的公司，其又要从证券法保护公众投资者和维护资本市场运行效率的价值出发，满足实践所需的治理要求。公司法是传统商法的一部分，意思自治原则贯穿了立法和司法始终，法律条文中蕴含的契约要素集中体现了该法的私法特性。故而

---

[1] 参见甘培忠、曹丽丽："我国公司法体系的重构——有限责任公司法和股份有限公司法的分立"，载《环球法律评论》2004年第4期。

又可以说，公司法以诸多任意性条款为公司运行的参与人和利益相关者提供了一种合同范本，或是契约订立和选择自由。然而立法技术的趋同性又使得私法公法化频频出现于各立法层面上。[1]在市场失灵无法通过内生力量解决时，为了维护社会公共利益，国家公权力的适度渗透便有了合理性。于是在公司组织活动的干预、法律责任规范体系和权利受损者的救济上便有了公法触及的痕迹。从证券法视角来说，非上市公众公司治理不但涉及公司内部参与人的利益，还涉及对社会不特定投资者的保护。公司治理的优劣程度小而言之，事关经理人、投资者、债权人等的利益；从长远看来，会对交易的安全和社会经济秩序产生影响。所以对于公司治理的要求，法律又体现了一定的强制性。

三、少数股东保护与控制权的平衡

股权是现金流和控制权的组合，而所谓公司的所有权结构就是现金流权利和控制权的不同组合。如果将大股东视为广义的投资者，不同模式的所有权结构反映的是资本投入意愿不同的投资者之间的谈判力量对比和市场竞争结果，是一种隐含的合约，它代表的是投入背后的特质愿景与代理成本之间的平衡。从此意义上而言，股权集中并不一定是为了私人收益，而是代理成本与特质愿景之间的"较量"，是投资者在考虑成本与收益后所作出的选择。对于股份集中度高的企业而言，大股东投资成本在于大额持股的风险集中、没有流动性；但作为回报，大股东可以按照自己认为合适的方式追求自己所确信的特质愿景和商业战略，产生高于市场水平的回报。换言之，大股东用实质性的股权投资换来追求特质愿景的自由。所以法律在强调保护中小投资者权益，抑制代理成本，防止大股东篡取私人收益的同时，应该更加全面体察、考虑大股东的权利。特别是在集中度较高的股权结构下，不仅需要考虑代理成本问题，也应承认大股东以优势股权投资所换取的追求特质愿景的自由，并在二者之间作好平衡或是相对倾斜。[2]

---

〔1〕 参见杨志壮："公司法规范体系中的私法责任与公法责任"，载《齐鲁学刊》2013 年第 3 期。

〔2〕 See Zohar Goshen, Assaf Hamdani, "Corporate Control and Idiosyncratic Vision", *Yale Law Journal*, Vol. 125, 2016.

四、非上市公众公司三层治理体系

在西方学者看来，非上市公司治理有三大支柱：公司法支柱，即公司法有关市场准入、组织结构和权力机制配置等强制性规则；契约法支柱，包括公司发起人协议、合营企业协议以及公司法中的违约条款等；公司治理准则和原则支柱，主要指向非强制性的自律规则。[1]基于我国非上市公众公司的总体特征和治理实际，将上述公司治理的三大支柱加以移植并形成符合实际需要的非上市公众公司治理体系是十分必要的。概言之，公司法支柱、契约法支柱、公司治理准则和原则支柱反映到非上市公众公司治理体系中可具体表现为法律的强制性规定、股东间个体合意形成的金融合同以及作为自律管理主体的全国股转系统出台的自律管理规定。在这样一种三层治理体系下，基于强制性和规范数量的不同，形成了一种他律—自律—合意的"正金字塔形"治理架构。显现出法律强制性的他律规范数量少且处于治理体系的顶端；基于公众公司的流动性特征，从投资者保护角度出发，主要着眼于市场运行和监管的自律管理规范处于治理体系的中间层；大量以契约为基础并通过公司章程、发起人协议等表现出的股东合意就位于非上市公众公司治理体系的底端。从目前立法现状来看，对于开放性不同的公众公司进行差异化的公司治理要求在立法上的最直接反映就是如何划定法律强制性规范涉足非上市公众公司治理的边界。

五、非上市公众公司强制性与任意性规范的划分与厘定

强制性规范与任意性规范的边界厘定，是公司治理规范的核心问题。若治理规范的具体要求是法律规定必然为之，且不允许当事方随意修正，则为强制性规范；若不以法律规定作为治理规范制定的唯一标准，并可以由股东或其他当事人就具体规范自由作出约定的话，则为任意性规范。对于强制性

---

〔1〕　See Joseph A. McCahery, Erik P. M. Vermeulen, *Corporate Governance of Non-listed Companies*, Oxford：Oxford University Press，2010，p. 280.

规范，以"不得""应当""必须"为主要标识性字眼，大多见于规范董事和控股股东勤勉、忠实义务的信义规则和债权人保护规则。而任意性规范包括了赋权性规则和补充性规则，[1]前者多以"可以""由公司章程规定""经股东会或股东大会同意，还可以……"等为关键表述，在公司法的授权下，公司股东和相关参与方可以通过合意来自由设定治理规范；后者又称为缺省的或推定适用的规范，[2]以"公司章程或全体股东另有规定的除外"为关键表述，规范的效力受制于公司股东和相关参与方是否另有约定。从规范的对象看，任意性规范主要涉及诸如股东大会的权力、董事会的议事规则等有关法人机关的权力分配规则和诸如有限公司的利润分配等不涉及第三方利益的股东间的财产分配规则。

公司法对于非上市公众公司强制性与任意性规范的划分与厘定，必须以公众性为出发点，把握非上市公众公司的内涵，并遵从其发展的内在规律。有限公司的公众性弱，其内生的封闭性和人合性特征使得股东通过协商达成合意的可能性大，法律应多以任意性规范给公司留有更多的自治空间，让其自主选择或排除规范的适用。而股份公司的股东人数相对较多且分散，难以像有限公司一样通过股东合意实现自治，中小股东无力也怠于行使股东权利去约束管理者的行为。契约机制发挥作用受限的实际，使得各国为了维护中小股东利益和防范社会风险，纷纷在制度安排上借助强制性规范对公司治理提出要求。非上市公众公司就公众性来说，介于有限公司和股份公司之间，公众属性的存在使得法律必须对其治理体系和治理水平作出一定的要求。不过在公司类型二分法的我国，非上市公众公司并非一种法定的公司形态，无法在现有法律框架下对其提供监管所需的制度支持。再者，非上市公众公司合格投资者制度的建立，以及全国股转系统整体上流动性较弱的实际也无须法律对当下封闭性占优，且在认知水平和风险承受力等方面无须法律特别关

---

〔1〕 参见［美］M. V. 爱森伯格："公司法的结构"，张开平译，载王保树主编：《商事法论集》，法律出版社 1999 年版，第 391 页。

〔2〕 参见罗培新："公司法强制性与任意性边界之厘定：一个法理分析框架"，载《中国法学》2007 年第 4 期。

照的投资者给予公司治理上的保护和优待。所以在当下及今后相当长的一段时间里，法律对非上市公众公司在公司治理上的要求应多任意性规范、少强制性规范，强调规则的灵活性，更多赋予全国股转系统对非上市公众公司治理的自律管理权。在非上市公众公司股份转让日渐活跃，公众性显著占优后，再考虑扩大强制性规则的涉足空间。

第三章

非上市公众公司治理的价值基础

第一节　公司运作中法律对金融合同的干预

一、公司运作的金融合同解释

包括治理结构搭建在内的有关公司成立和运作的过程，充斥的是各种各样的金融合同的订立与执行。传统的法与经济学认为，金融市场的很多监管措施不是必要的，这与法律所强调的对投资者的保护形成了鲜明对比。传统观点认为，金融合同发生在老练的发行人与投资者之间。一般来说，投资者都能认识到权利被剥夺的风险，并且能够依靠自力救济惩罚那些未按合同披露自身信息、约束自己行为以求善待投资者的公司。正因为企业在发行证券时承担了上述成本，所以它们就有动力通过与投资者签订合同来约束自己的剥夺行为。[1]只要这些金融合同得到执行，金融市场就不需要监管者。[2]但事实上，上述源于科斯定理的观点建立在强制执行的履行上。实际上，法庭的行动常常是迟缓的，它们不能或者不愿去运用必要的资源来查清复杂合同所涉及的事实。当通过法院途径执行金融合同的成本过高时，若由法律在纠纷发生前通过强制性规定介入并监管合同的合意和订立，那么在合同的履

---

〔1〕　See Michael C. Jensen, William H. Meckling, "Theory of the Firm: Managerial Behavior, Agency Costs, and Ownership Structure", *Journal of Financial Economics*, Vol. 3, 1976.

〔2〕　See Rafael La Porta, Florencio Lopez-de-Silanes, Andrei Shleifer & Robert Vishny, "Investor Protection and Corporate Governance", *Journal of Financial Economics*, Vol. 58, 2000.

约及执行效果上可能更加有效。

二、有效性：法律介入金融合同的初衷

合同的执行究竟是依靠事后的私力救济和法院强制执行，还是由法律在事前以强制性规范介入，是一个基于经济发展程度不同、司法能动性差异和金融合同的特质化而需要具体判断的问题。大体上而言，司法运行良好的国家，法律对投资者的保护就越强，资本市场就越发达。法律作为一种"大众化"条款供应者的作用无论是在合同法领域还是公司法领域都正被充分地解释和发展着，[1]依靠法律对市场制度的设计来实现对投资者的外部保护往往比依靠合同执行的私力救济更为有效。故而"更为有效"就成为法律对金融合同合意介入的一个出发点和归宿。有效性是一个相对的概念，在对比中产生。可能在面对同一问题时，不同的制度安排都是有效果的，但是只有以较短的时间和较低的成本达到同一实施效果的制度，才是最有效的制度。换言之，对于有效性的考察其实是与对效率的追求分不开的。在不会使其他人的境况变坏的前提下，当一项经济活动再也不可能以现有的制度安排为社会成员提供更多福利的时候，便是最有效的状态。[2]从此意义上说，效率涉及在所有可能的资源配置中确定最优的资源配置，以实现经济福利最大化。[3]

第二节　非上市公众公司治理规范的价值选择

一、非上市公众公司治理规范的价值导向

在法律史的各个经典时期，无论是在古代或近代世界里，对价值准则的

---

〔1〕　参见［美］理查德·A. 波斯纳：《法律的经济分析》（下册），蒋兆康译，中国大百科全书出版社 1997 年版，第 519 页。

〔2〕　参见［美］保罗·萨缪尔森、威廉·诺德豪斯：《微观经济学》，萧琛等译，华夏出版社 1999 年版，第 2 页。

〔3〕　参见吴君民等："经济利益的理性思考：效果、效率与效益"，载《会计研究》2007 年第 3 期。

论证、批判或合乎逻辑的适用，都曾是法学家的主要活动。[1]人类创制法律的目的，并不仅仅是为了除暴安良、弘扬正义。除此之外，它还有一系列的价值追求。进行法的价值的研究，可以使我们区分一法与他法间的立法旨趣，有助于提升在制定和实施法律时的理性认识，把握住法更深层的价值追求。[2]就非上市公众公司治理规范而言，和其他的制度规范一样，在设置过程中也存在价值导向的问题。基于非上市公众公司的封闭性特征，关于公司内部股权结构、议事规则等治理规范，应当以任意性规则为主导；但该类公司同时显现出的开放性特质及由此产生的投资者保护的需要，使得监管者又必须对公司治理规范的设置施加一定的强制性要求。在法律对非上市公众公司治理规范设置的干预上，公司法和证券法承担了责无旁贷的作用。就价值选择来说，在规范公司治理这个问题上，不论是上述哪种法律，都讲求公平、正义、效率、安全等价值，在贯彻这些价值的背后，是为了维护商事交易的秩序、社会整体效益和现有体制的效率。

二、治理的核心是效率价值下的规范配置与协调

具体到公司治理规范的设置上，现实生活复杂多变，公司的制度安排要以满足不同需要为出发点，以适应不同环境为己任。这就要求公司在制度设计上具有高度的弹性，而这种弹性的发挥一定是通过合意而非强制才能达到。同时，合同的缔结需要成本，将谈判从口头变为符合法律规定的具有法律效力和意义的文件需要一定成本的投入。那么社会上若有一个符合商业习惯的大众化条款的供应者存在，能给行为各方提供一套可供选择的示范合同文本或是规范，后者就可以在法律允许或是授权的框架下制定并完善供相对方合意的文本。在此背景下，不仅可以提高合同的缔约成功率，满足商事交易的快捷性和便捷性要求，还将对与之相关的制度体系产生积极效益，进而

---

〔1〕 参见［美］罗·庞德：《通过法律的社会控制——法律的任务》，沈宗灵、董世忠译，商务印书馆 1984 年版，第 55 页。

〔2〕 参见刘沛佩："从民商法到经济法——效率价值流变考"，载《研究生法学》2008 年第 6 期。

产生效率的溢出效应。不过规则的公共属性使其不能作为知识产权被创造者排他地独享。"生产"规则需要成本，但生产者却无法得到全部生产收益，任何公司都可以以零成本的"搭便车"式复制使用其中的条款并受益。质言之，作为一种公共产品，公司治理规则只能由国家提供。那么旨在提升整个企业机制经济效益的公司法就当仁不让地担负起了提供适宜的公司治理规范的重任。[1]

公司治理规范虽然包括了三会的职权和议事规则、控股股东的信义义务、绩效评价与激励约束机制、信息披露与透明度等内容，但从法律对非上市公众公司治理体系的干预上来说，可以分为以强制性规则促使公司治理规范化和以任意性规则赋予公司以契约搭建治理结构的自由。与有限公司这一典型的闭锁型公司相比，非上市公众公司具有股份公司所特有的资合性。这一资合性在实践中表现为在融资渠道上具有广泛性和公开性、在资本的动态交易中具有较好的流动性。但正如前文所述，非上市公众公司的资合性又是非完全的。在我国现有法律框架下，非上市公众公司若不进入全国股转系统挂牌，无法实现股份流转或再融资。即便就已进入全国股转系统挂牌的企业而言，虽然资本有了进入和退出的通道，但与上市公司这一典型的公众公司相比，其交易规模、成交效率明显低于后者。特别是对于处于基础层、公众性较弱的非上市公众公司而言，资本流动较多依赖于私人间的契约安排。即使在实行做市商交易制度后，也因部分挂牌公司不符合做市交易条件、券商和挂牌公司对于做市交易的积极度不高、做市商双向报价挂出的股票买卖数量不大等因素，使得交易活跃度较为清淡。[2]在这样一个市场中，股价可能不能完全反映公司的价值，信息不对称和道德风险问题更加突出，于是在公司治理的要求上就需要法律适当地施以强制性规范。简要来说，对于治理规范设置的讨论，就是研究如何实现强制性规范和任意性规范在公司治理上的

---

〔1〕　See Frank H. Easterbrook, Daniel R. Fischel, *The Economic Structure of Corporate Law*, Cambridge: Harvard University Press, 1991, p. 14.

〔2〕　参见桂浩明："新三板做市：规模不大，影响不小"，载《上海证券报》2021年7月31日，第05版。

优化配置，以及软法与硬法在公司治理体系中的有效协调，并进而提升体制效率。所以，在公司治理规范设置的过程中，以效率价值为核心的规范配置和软硬法协调是关键，排斥任何一类规范存在的公司治理体系都将因为与公司价值背离而被实践所抛弃。

第三节　以效率价值为引导的证券监管理念的呼应

一、市场经济体制以效率价值为核心

坚持体制效率为核心价值是我国建立市场经济法律制度和深化经济体制改革的必然要求。市场经济是以市场作为资源配置的手段，以市场机制调节商品生产和流通的经济体制，是符合社会化大生产要求的历史必然选择。市场经济强调资源配置的效率性，价格、竞争、供求等机制为市场主体追求自身利益最大化提供了便利，也为资源的有效配置创造了条件。当然，在强调市场经济效率性的同时也不能忽视其同样也是一种法治经济。市场经济的运行环境和秩序需要法律保护、市场机制的缺陷需要法律修补、市场主体的非理性行为需要法律予以纠正，法律制度必须体现效率原则并为之服务。如何建立适合本国发展的经济体制、合理有效地配置资源，以及在法律框架下提升效率，是法与经济的结合点，也是当今我国经济生活的主旋律。[1]国家通过硬法对于公司治理规则的强制性干预是国家在市场经济运行的过程中修正软法规范下市场主体自我行为导致的缺陷，以达到资源优化配置并实现整个体制效率的一种以整体效率为出发点的监管方式或者说是协调措施。

二、效率价值在证券监管中的体现

非上市公众公司基于其公众性和公开性，已被世界各国纳入了证券监管的范围。美国 1933 年《证券法》规定，SEC 根据本法订立规范以及被要求考量某行为对保护公共利益是否必要或恰当时，除考虑保护投资者利益外，

---

〔1〕　参见刘沛佩："从民商法到经济法——效率价值流变考"，载《研究生法学》2008 年第 6 期。

该行为能否提高效率、促进竞争和资本形成也是 SEC 必须同时考虑的另一方面。[1]所以，在对非上市公众公司治理的监管要求上，从体制效率的视角施以恰当的监管措施是必要的。从另一方面来说，市场运行中所追寻的"投入—产出"的效率价值，可能会对社会整体价值产生负的外部影响。为了对因为强调商事行为自由、安全、迅捷的私益倾向而难以避免走向垄断、滥用权利、造成整体不平衡进行纠正，就需要对市场主体及行为进行一定的监管，而这种监管体现出的是以体制运行的效率为价值核心的制度和规制性措施的制定和执行。

进一步说，非上市公众公司治理规范的确定和监管措施的执行，体现出了一定的国家参与性，这样一种适度参与是以效率价值为导向的。与市场运行中的效率价值不同的是，监管中的效率体现了整体性和浓厚的社会本位，是在使国家或市场主体的行为增进社会整体利益这一目标下，从社会整体效益和体制效率的提高出发，对个体行为进行考量。由于个体效益的价值选择可能与社会整体效益相偏离，对其产生负的外部性效应。所以基于对个体效益的整体性考量，必须对个体对于效益的追求予以调节，只有符合社会整体效益或与体制效率相顺应的个体效益才能被保护。[2]其次，它又不是个体效益的简单相加，而是整体效益的复合增生，是相对于市场运行中存量效率而言的增量效率，强调的是整个社会共同体在一定体制下实现社会财富的最大化。在西方经济学家看来，当效率被用于描述整个经济系统的状态时，他们更关注的是人们的经济福利。在既定的生产技术条件下，若经济再也不可能以现有的可供使用的资源为社会成员提供更多的福利时，便称经济实现了效率。[3]从此意义上讲，这里的效率是以实现社会成员经济福利最大化为目的来展开的。

---

〔1〕　参见郭雳、郭励弘："私募发行在美国证券市场中的重要地位"，载《首席财务官》2008年第 4 期。

〔2〕　参见刘沛佩："从民商法到经济法——效率价值流变考"，载《研究生法学》2008 年第 6期。

〔3〕　参见吴君民等："经济利益的理性思考：效果、效率与效益"，载《会计研究》2007 年第 3期。

三、市场监管中的效率通过体制效率的提升来实现

国际证监会组织（IOSCO）确定了证券监管的三大目标，其中一个就是"确保市场公平、效率和透明"[1]。具体到监管行为上，就要做到通过均衡筹资便利与投资者保护、均衡效率与公平来做到均衡市场与监管。市场在运行过程中难免会暴露出缺陷，在此情况下，政府必然会施以干预，对缺陷进行修正。不过一旦公权力施加的力量超过市场的承受度，那么在重压之下的市场可能会就此疲软和萎靡。于是，对于体制运行效率的关注就成为必要。在政府对非上市公众公司监管的过程中，要清楚地理解市场和政府两类体制博弈的意义，无论是政府加强对市场的监管，还是放松监管，都是对体制运行效率的调整。在现代市场经济条件下，政府和市场体制并存，都暴露出自身难以克服的缺陷，市场失灵和政府失灵呼唤着一种恰当的力量对比以实现二者之间的平衡。这在监管上就需要通过合适的制度配比对体制进行选择、搭配和调节，并实现对体制运行效率的价值追求。[2]

第四节　规范配置和协调中的效率价值论

一、法律强制性干预下效率价值的不同内涵

在现代市场经济条件下，无论是哪一种体制，都在运作中暴露出了难以克服的内生缺陷。于是就需要通过对软法和硬法进行协调，对强制性规范和任意性规范进行选择、搭配和调节，以一种恰当的力量配比来实现二者之间的平衡和对体制效率的价值追求。在公司治理规范的设立上，这种比例又根据经济发展的不同阶段以及公司公众性的不同而有所区别。

就全国股转系统运行现状而言，非上市公众公司虽然理论上具有公众性

---

〔1〕参见刘沛佩："非上市公众公司信息披露的理论基础与价值选择"，载《金融监管研究》2014年第9期。

〔2〕参见刘沛佩："从民商法到经济法——效率价值流变考"，载《研究生法学》2008年第6期。

特点，但目前以基础层为主的挂牌公司结构，市场整体活跃度不高、流动性弱、封闭性更占优。从挂牌公司的股权结构来看，大部分公司尚不涉及大量公众投资者，且市场中已建立的投资者适当性制度、信息披露制度等已在交易的安全性上有所把握。所以在安全和效率的价值选择上，目前而言更应关注的是后者，即法律对公司治理规范的强制性干预也一定是以效率价值为核心。只是这里的效率包含了两个不同层次的内涵：其一，法律通过任意性规范的制度设计，赋予市场主体自由追逐效率的自由。公司从个人本位的价值观和自我规范的角度出发，通过股东协议、章程等契约性制度安排来完善公司治理结构，以双方合意来设计公司运行的"游戏规则"，从而降低交易成本并提高公司运行效率。与此同时，随着公司治理理论的发展，对债权人、职工等相关利益者的保护也成为公司治理的一部分。在社会本位价值观的冲击下，以契约合意为导向的治理规范设计有了社会效率的影子，希冀通过协调个体追求效益的过程中可能与他人利益产生的冲突来达到效率追求上的和谐。但这种对社会效率的追求始终是以保证个人利益最大化为前提，无法摆脱个人本位价值观的桎梏。其二，以法律为代表的公权力对于公司治理规范设置的强制性干预不是为了寻求个体运行效率的简单相加或是对公司内部不同利益主体已有利益格局的静态分配和确认，而是追求在某一公司治理结构下社会整体效益的复合增生。其是从体制效率和社会整体效益的提高出发，从技术规范的角度和方法来寻求股东、治理层、经理层和利益相关者在一定公司治理机制下共同作用于社会财富有效率地可持续增长。特别是当合意无法充分进行时，若仍通过契约作为治理规范的达成路径，这种以个人价值为本位的行为选择必然与社会整体效益相偏离，并对后者产生消极的外部性影响。[1]所以就需要在一定的干预强度下，合理配比软硬法以及强制性规范和任意性规范的数量，并修复任意性规范下契约机制的内生缺陷。实质是通过对上述各类规范的配置以及排列组合，换取对体制效率的追求和对社会整体

---

　〔1〕　参见刘沛佩："从民商法到经济法——效率价值流变考"，载《研究生法学》2008 年第 6 期。

资源配置变化的动态调节。

二、收放权背后的体制运行效率与个体和整体效益之争

在公司治理规范设计的过程中，是尽量多地通过任意性规范放权给公司，实现自律式治理还是施以更多的强制性要求，是需要探讨的另一个方面。从主导治理规范设置的效率价值来看，其中蕴含的命题，是以公司对于个体效益的追求为主还是以国家致力于一定体制下社会整体效益的提高为上。很长时间以来，关于个体和社会整体对效益的追求，一直被认为是一对矛盾体。在个人本位价值观下，个体的理性往往导致集体的非理性。对个体追求效益的无限放任必将阻碍社会整体效益的提高，而对于社会整体效益的追求也将牺牲一部分个体效益的理念被很多人认同着。笔者认为，这种在静态环境下或者说是从商法个人本位价值观出发去探讨个体效益与社会整体效益所得出的结论具有片面性，必将随着对社会整体效益的重新审视而获改观。

在经济法看来，法律在追求社会整体效益的同时，从未忽视个体对效益追求的坚持。对于社会整体效益的追求是人们在长期的历史进程中、在社会个体的博弈中逐步形成的，而推动这种博弈的力量，正是个体效益。也就是说，个体效益和社会整体效益在经济法上是一个"动态增生"的概念。一个为所有社会成员所向往的社会发展的过程，既是社会整体效益不断提高的过程，也是个体效益不断增长的过程。这就相当于在将一块"蛋糕"做大的同时，各人都可以得到更多的分配。所以说，在静态下，个体效益和社会整体效益有时会起冲突，在行为手段上往往相生相克。但无论是追求个体效益还是社会整体效益，都会耗费一定的资源。然而社会资源总量在一定时期内是有限的，当我们利用更多资源去追求社会整体效益的时候，用在个体效益提高上的资源就会相应地减少，反之亦然。[1]故某一旨在提升社会整体效益的制度，是可能制约个体效益的。在动态环境下，若能实现社会整体效益和个

---

〔1〕 参见刘沛佩："从民商法到经济法——效率价值流变考"，载《研究生法学》2008年第6期。

体效益在一种和谐比例下发展、在动态中逐渐增量化，那么矛盾将被淡化直至消除。这正如上文提到的，有关公司治理的强制性规范和任意性规范必须合理、因地制宜地配置。基于对社会整体效益的追求而对企业施加强制性规范的要求一方面会使制度配置更加公平和有效，另一方面也会为个体分配提供更多的物质来源，实现效益提升的真正内涵。个体效益的实现反过来又会给社会整体效益的提高创造一种更适宜的环境，使二者在动态和谐中复合增生。

实践运行篇

第四章

制定治理规范的必要性：治理实践与问题

第一节 公司治理改革运动背景下的非上市公众公司

没有公司良知的正确指导，就不会有一流的公司治理制度。有了一流的公司治理制度，未必能催生出一流的公司治理实践。[1]公司治理是涉及公司股东及利益相关者的利益实现和公司正常运行的重大问题，也是一种平衡所有者、管理者、其他利益相关者之间利益关系的制度性安排。近年来，公司治理越来越受到重视，并在全球范围内形成了一场改革运动。每个国家都以自己的方式致力于解决经营管理者、所有者和其他利益相关者之间的可支配性问题，并在数代人的时期里产生了国别化的治理模式。[2]但近年来，这些主导模式却面临紊乱不堪的局面。[3]就亚洲区域看来，非上市公司，尤其是中小企业，构成了区域经济发展的基础。对于亚洲大部分国家的公司治理改革而言，不考虑非上市公司的制度变革是行不通的。然而有关公司治理的大部分理论，都聚焦于如何治理大型的上市公司。相较于此，非上市公司的治

---

〔1〕 参见刘俊海：《新公司法的制度创新：立法争点与解释难点》，法律出版社 2006 年版，第357 页。

〔2〕 参见王保树："非上市公司的公司治理实践：现状与期待——公司治理问卷调查分析"，载《当代法学》2008 年第 4 期。

〔3〕 参见 ［波兰］米哈乌·费德罗维奇、［西班牙］鲁特·V. 阿吉莱拉编：《转型经济和政治环境下的公司治理：制度变革的路径》，罗培新译，北京大学出版社 2007 年版，第 25 页。

理，尤其是非上市公众公司的治理问题更需要被关注。[1]

非上市公众公司价值的实现以公司的良性治理为前提，忽视对其治理结构特殊性的考虑，转而不加区分地以股份公司的治理方式来对待具有阶段性发展差异的非上市公众公司，其治理成效可以想象。[2]我国特殊的本土环境使得公司治理呈现出巨大的差异性，融合了英美法系相关概念的非上市公众公司法律制度，如何在本土化的过程中生根发芽并指导实践，是制度适用面临的困扰。通过与西方公司法的对比可以发现，我国《公司法》关于股份公司和有限公司治理规范的设计，差异并不明显。例如在《公司法》中，带有"可以"字样的任意性规范在整部法律中出现了 87 次。抛开股份公司和有限公司皆可适用的规范不谈，在针对股份公司和有限公司专门性的规范中，"可以"一词出现的次数分别是 28 次和 29 次。由此可见，《公司法》对于任意性规范在股份公司和有限公司间的区分度并不明显，自治性更强的有限公司规范并没有表现出绝对的优势。再进一步到非上市公众公司上，其公司治理的灵活性和特殊性更是受制于现有规定，无法彻底反映出来。非上市公众公司特殊的制度需求无法得以满足的现状，使之有必要对其治理结构的特殊性给予充分关注。从已有的研究看来，近年对公司治理的研究大多集中在了理论探讨上，这无疑是有益的探索。但相对于实践需要而言，对公司治理的内在需求缺少了调查。[3]因此，从非上市公众公司的特殊性出发，探索其与上市公司、非公众股份公司和有限公司在治理要求上的不同，根据类型和公开性的差异分别规制，改革和创新与公司治理实践相适应的治理规范，是促进非上市公众公司良好发展和制度推进的保障。

---

[1] 参见［日］金子由芳："亚洲公司治理的理论与现实：从'移植'到本土最优"，唐勇译，载甘培忠、楼建波主编：《公司治理专论》，北京大学出版社 2009 年版，第 83 页。

[2] 参见中国证监会非上市公众公司监管部编著：《非上市公众公司监管工作手册（2014）》，中国财政经济出版社 2014 年版，第 1~3 页。

[3] 参见王保树："非上市公司的公司治理实践：现状与期待——公司治理问卷调查分析"，载《当代法学》2008 年第 4 期。

第二节　非上市公众公司治理中股权结构实证考

一、股权结构是公司治理的关键

　　股权结构，即各股东在公司全部股份中的持股比例，决定了公司控制权和现金流量所有权的安排，是公司治理的制度基础和关键所在，可以对企业的行为和最终价值产生重要影响，并成为不同公司治理机制联系的桥梁。[1]不同的股权结构和股东类型也决定了公司治理的模式特征和治理重点，从而也就决定着不同的公司治理绩效。[2]关于股权结构与公司绩效的关系，Myeong-Hyeon Cho 认为股权结构是一个内生变量，其利用 500 家制造业公司数据，从实证分析中得出了股权结构影响公司绩效，而后者又会反过来影响公司股权结构的结论。[3]在股权结构中，股权集中度是辨别公司股权分布和股权结构的主要量化指标，也间接反映了公司的稳定性和封闭性强弱。一般来说，公司中前几大股东所持股份占总股本的比重与股权集中度呈正相关，基本上体现了公司股权的分散和集中程度。从结构上看，股权集中度还包括了控股股东与非控股股东之间的持股对比情况。[4]虽然理论上公司股权结构可以根据集中度不同，分为集中型、分散型及介于二者间的相对集中型，但当下最具代表性的股权分布却显现出非黑即白的高度分散型与高度集中型划江而治的状态。[5]

　　究竟何种股权结构为最佳，这本身就是一个伪命题，因为任何类型的公

---

　　〔1〕　参见苑德军、郭春丽："股权集中度与上市公司价值关系的实证研究"，载《财贸经济》2005 年第 9 期。

　　〔2〕　参见曲洪艳："股权结构对公司治理的影响"，吉林大学 2006 年硕士学位论文。

　　〔3〕　See Myeong-Hyeon Cho, "Ownership Structure, Investment, and the Corporate Value: an Empirical Analysis", *Journal of Financial Economics*, Vol. 47, 1998. 参见张红军："中国上市公司股权结构与公司绩效的理论及实证分析"，载《经济科学》2000 年第 4 期。

　　〔4〕　参见苏武康：《中国上市公司股权结构与公司绩效》，经济科学出版社 2003 年版，第 133 页。

　　〔5〕　参见苏启林：《家族控制、私募股权投资介入与民营上市公司治理》，经济科学出版社 2013 年版，第 83~85 页。

司都不存在一个统一的或是最佳的股权结构。股权结构的安排不同，与之相适应的治理机制才得以形成。[1]基于代理成本存在所造成的效率损失，任何公司治理机制实际所达到的经济效率总是次优的。[2]由此决定了不同经济环境下的不同公司的治理机制是差异化的，不存在统一适用于各类企业和所有经济环境的公司治理机制。[3]股权结构的安排不同，与之相适应的治理机制才得以形成。为了实现各类公司的治理目标，企业依据自身发展的需要将不同公司治理机制整合以相互补充和配合，所能达到最优治理效果的股权分布就是最优股权结构。

二、非上市公众公司的股权结构凸显集中性

作为现代企业制度的基本形式，在现代股份公司中，股东通常较为分散，大部分股东单独持有的只是少量股份。从提高公司运作效率角度而言，不可能将股东大会作为常设机构。在这种情况下，法律允许股东通过合意将一部分公司管理事项授权给董事会决策，从而形成董事会中心主义。但分散的股权结构使得股权在二级市场上产生的流动性收益和一定程度的股权集中形成的对经理人有效监督的收益产生冲突，进而出现代理成本问题。不过导致西方国家公司治理中代理成本产生根源的股权分散在我国非上市公众公司中却不复存在。股权结构有集中和分散之分，对大部分非上市公众公司而言，其股权高度集中在控股股东手中。加上市场流动性偏弱，公司的开放性显著低于国外同类别公司。以全国股转系统设立一年后的市场规模来看，截至 2014 年 12 月 30 日，在全国股转系统挂牌的公司共 1572 家。挂牌公司整体上规模偏小，差异较大。股本在 5000 万元以下的有 944 家，占比 60.05%；股本大于 1 亿元的有 89 家，占比 5.66%。不少挂牌公司没有子公司，员工

---

〔1〕 参见万国华、王玲："中国 OTC 治理缺位"，载《董事会》2011 年第 1 期。

〔2〕 参见徐宁："中国上市公司股权激励契约安排与制度设计"，山东大学 2011 年博士学位论文。

〔3〕 参见郑志刚："投资者之间的利益冲突和公司治理机制的整合"，载《经济研究》2004 年第 2 期。

人数较少。多数挂牌公司成立时间不长，尚处在初创期或成长期。经营模式相对单一，经营状况不稳定，业绩分化明显、波动较大。近90%的挂牌公司股东人数不超过50人，其中股东人数10人以下的公司数量过半，仅有12家公司股东人数超过200人，占比0.76%，[1]这与2013年全国股转系统统计快报所披露出的挂牌公司股权结构大致相同。就目前市场结构来看，截至2022年12月30日，在全国股转系统挂牌的公司共6580家。股本在5000万股以下的有3810家，占比57.9%；股本大于1亿股的有918家，占比13.95%。在股东人数上，以2020年末统计数据为例，[2]72.19%的挂牌公司股东人数不超过50人，其中股东人数10人以下的公司占比38.85%，股东人数超过200人的公司占比6.03%。在全国股转系统成立9年后，挂牌公司整体上规模小、差异大、经营状况不稳定等情况依然存在，并无显著改善。在市场分层后，创新层和基础层的差异又进一步拉大，业绩分化明显，在公众性上凸显人合性与资合性的两极化，且人合性特性显著的公司又在非上市公众公司中占主要比重。

此外，研究发现，我国非上市公众公司经理人持股的现象较为普遍。经理人持股作为一种重要的激励措施在很多国家的公司治理中被广泛运用着，但我国非上市公众公司经理人持股并非来源于股权激励，而是根源于非上市公众公司的封闭性。毋庸讳言，经理人持有公司一定数额的股份以及股份转让锁定期的做法，有助于经理人利益与公司长远利益的协调。[3]但所有者和经营者高度合一，以及股权集中度的增强往往并非与企业的会计利润率呈正相关。Demsetz[4]、Fama和Jensen[5]的研究发现，当经理人拥有少量股权

---

〔1〕 以上数据摘自《全国中小企业股份转让系统2014年统计快报》。
〔2〕 全国股转系统2022年、2021年统计快报未载有股东人数信息，故摘录最近年份2020年的统计数据。
〔3〕 参见赵瑜纲、王立彦："公司上市与公司治理成效——基于实地调研的启示与思考"，载《经济科学》2000年第4期。
〔4〕 See Harold Demsetz, "The Structure of Ownership and the Theory of the Firm", *Journal of Law and Economics*, Vol. 26, 1983.
〔5〕 See Eugene F. Fama, Michael C. Jensen, "Separation of Ownership and Control", *Journal of Law and Economics*, Vol. 26, 1983.

时，受市场约束的影响，经理人的行为会被迫趋于公司价值最大化的目标。但当经理人的持股量逐渐增大到可以凭借其足够的投票权和广泛的影响力来对公司施以有效控制的时候，经理人可能会沉溺于其他价值的追求，并非以公司价值最大化为目标。再者，挂牌公司中民营企业数量占有绝对优势，部分挂牌公司长期处于家族式、一股独大的管理模式下，这也反映出非上市公众公司一直以来股权集中度高、封闭性占优的特征。毫无疑问，企业的股权集中度越高，其价值将成正相关。股权集中将激励大股东的监督活动，所有权和控制权分离所产生的"外部化"全部转为内部化，但另一方面又将导致风险分担不足产生的成本，以及大股东对中小股东的利益倾轧。

三、非上市公众公司股权结构评析

在现代股份公司中，所有权与经营权分离，在大股东和经理人之间，虽会产生为争夺有利的剩余分配而进行的寻租行为，但分散股东的引入，将减少企业内部因争夺剩余分配而产生的净损失，从而降低寻租程度。所以，为了避免单个大股东利用股权优势采取损害其他小股东利益的单方面行动，许多封闭公司的股权结构中通常都存在几个持股比例较大的股东。分散的股权结构相对而言对股东有利，可以避免集中股权下大股东对于公司经营活动的不当干预和对经理人创造性发挥的阻碍，从而影响对企业价值的贡献。我国非上市公众公司虽然具有一定的公众属性，不过总体上还是处于集中程度高、市场流动性弱、换手率低的状态，这意味着外部股东的监督机制很有可能随时失灵。大股东与经理人合一的实际，使得内部人控制问题极易演变为兼具大股东身份的经理人对于委托代理理论下作为被代理人身份的中小股东的利益倾轧。虽然也存在前几大股东与作为控制人的第一大股东间的利益制衡关系，但仅限于包括第一大股东在内的前几大股东持股比例相当的情形。对于绝大多数非上市公众公司而言，上述较为均衡的博弈关系是不存在的。第一大股东对于公司具有绝对的控制地位，且还存在几大股东合谋篡夺其他中小股东利益的可能。

再来反观集中股权结构下中小股东的处境。在企业日常运作中，分散的中小股东并没有足够的动力和能力去对经理人进行监督，因而寻求对经理人监管效率的提高就成为一项只能依靠"搭便车"享受大股东对经理人监督所带来收益的"公共品"。但大股东提供"公共品"也非出于"善意"，在理性经济人对利益考量的作用下，只有当监督所产生的收益大于提供"公共品"的成本并有所盈余的情况下，他们才有监督经理人的动力。只是在非上市公众公司中这又产生了另一个变化，那就是作为身份和利益同一者的大股东并不会基于股东身份行使对自己基于经理人身份的监督权。所以大股东治理所产生的收益与导致内部人激励低下是有冲突的，并将对经理人剩余分配权产生威胁，但这种威胁丝毫不会反映在非上市公众公司上。在过度缺乏监督的情形下，经理人所做出的任何可能导致现金流降低的商业决策都不会被其控制着的公司或代理的股东利益所干扰，即使由此产生的损失远远超过经理人控制权的私人利益。[1]各国公司治理的实践表明，代理成本除了表现为所有者与经营者的利益冲突之外，还同时表现为所有者（投资者）之间的利益冲突。在公众公司中，所有者之间的利益冲突集中体现在控股的大股东凭借其实际控制权地位谋取私人利益，使分散的中小股东利益受到损害。[2]所以在股权集中的非上市公众公司，也存在相当大的代理成本，即监督者缺位下的经理人"失控"。虽然大股东的利益与公司利益保持一致，但其可以在牺牲全体股东利益的同时，转而以经理人的身份去变相实现对财富的积累。这种传统的封闭型公司不会产生，股权分散企业也不会显现的隐形代理成本往往更加可怕。

第三节 非上市公众公司治理中的中小股东利益保护考察

商事主体存在的价值就是为了投资者盈利，虽然现代公司承载着增进股

---

[1] 参见郑志刚："外部控制、内部治理与整合——公司治理机制理论研究文献综述"，载《南大商学评论》2006年第2期。

[2] 参见曹袁军："四川本草堂药业完善公司法人治理结构研究"，电子科技大学2007年硕士学位论文。

东、债权人、职工以及其他利益相关者的利益的责任，以及较以往时期负担了更多的社会责任，但在其中，股东利益的核心地位是公司管理者应遵守的底线。[1]

一、从投资者保护与企业发展视角反思治理的必要性

股份制已成为现代企业制度的基本形式，作为向公司投资并享有资产收益等股东权利的主体，投资者只有在确信自己的利益能够受到保护之后才会向目标企业投资，[2]而良好的公司治理正是投资者利益保护的重要前提与制度基础。[3]从保护投资者的角度，公司经营的代理问题在现代公众公司中已是一个不争的事实。当股份公司被公众化后，可能存在严重的信息不对称。只是在股权分散的公众公司中表现为经理人对所有者的代理问题；而在股权相对集中、公众性较弱的公众公司中，则表现为大股东对中小股东的代理问题。有学者指出，代理人的机会主义天性，是公司治理产生的最直接的道德根源。[4]由于大股东权力过于集中，中小股东无权对生产经营活动进行有效的干预。任这种无约束的状态继续发展，将使得中小股东的财产被大股东"绑架"，一同用于大股东的"冒险"行为，公司权力行使的民主制度形同虚设。所以，将涉及公众因素的非上市公众公司纳入监管视野，针对其不同于有限公司和上市公司的特点提出适当的公司治理要求，在保护投资者和促进资本形成之间寻找一个平衡点，既可以避免投资者因为信息不对称所可能遭受的利益损害，又不至于为了防范"劣币驱逐良币"和促进资本形成而给公司带来过高的合规成本。从挂牌公司角度而言，在资本市场中，一个公司治理健全的企业可以得到投资者的青睐，可以比较容易地以较低成本筹集到

---

[1] See Alistair Alcock, "Corporate Governance: A Defence of the Status Quo", *Modern Law Review*, Vol. 58, 1995.

[2] 参见张春霖："公司治理改革的国际趋势"，载《世界经济与政治》2002 年第 5 期。

[3] 参见曲洪艳："股权结构对公司治理的影响"，吉林大学 2006 年硕士学位论文。

[4] 参见梅慎实：《现代公司机关权力构造论》（修订本），中国政法大学出版社 2000 年版，第 34 页。

资金，从而较快地发展自己。[1]而公司治理不健全的企业则较难取得投资者的信任，其筹资成本也相对较高，并会在竞争中处于不利地位。[2]再有甚者，当公众公司的治理存在严重缺陷而投资者利益得不到充分保护时，投资者就无法进行长期投资，只能转向短期炒作，以致市场弥漫着投机泡沫。泡沫最终不会长久，长期泡沫的爆裂往往就会导致金融危机的爆发。[3]

二、非上市公众公司中小投资者利益保护形势严峻

对于上市公司中小投资者而言，他们有着较为成熟和系统的法律规范护身，权益受侵害的可能性较小。但非上市股份公司则不同，特别是对于非上市股份公司中的非上市公众公司，中小股东利益保护情况可能更加严峻。根据《监管管理办法》，非上市公众公司可以通过在公开市场挂牌进行股份转让和融资。但由此产生的问题是，在公众公司中，正因为股东人数较多，每个股东平均持股数量和比例较小，相应地在公司决策中的话语权就显得微乎其微。在我国非上市公众公司中，大股东作为董事长兼任总经理的现象十分普遍，并与董事会成员有着千丝万缕的瓜葛。在这样一个股权高度集中的市场中，大股东把持着一个权力日益膨胀的董事会及其亲自参与的经理层，作为权力的代表控制着公司。当某项经营活动会为大股东带来收益但会对公司利益造成减损，且大股东按比例应承担的损失小于所获收益之时，其就有动机利用对公司的控制来从事对公司经营不利、但对其私益有利的行为，并极有可能侵害中小股东的利益。[4]

对于长期处于弱势地位的中小投资者而言，他们投资企业的目的并非关注后者的长期化经营行为，也非通过参与公司日常运行决策，来使公司朝着可持续发展的方向去运作。其只是将投资作为盈利和资产保值增值的工具，

---

〔1〕　参见张春霖："公司治理改革的国际趋势"，载《世界经济与政治》2002 年第 5 期。

〔2〕　参见于林："我国上市公司治理结构的症结分析"，载《经济师》2007 年第 1 期。

〔3〕　参见顾瑞鹏："上市公司资本结构对公司治理影响的研究"，苏州大学 2009 年硕士学位论文。

〔4〕　参见许志峰："'主动退出'能带来什么"，载《人民日报》2012 年 8 月 7 日，第 002 版。

希望通过不断变换投资组合以求利润最大化。在这一价值导向下，他们只关心利润的分配，而不在意公司的发展与经营管理的好坏，是消极的所有者。由于大多数中小股东持股数量较少，如果参与监督公司日常运作，成本将远大于可能带来的收益，所以普遍存在"投票冷漠"的现象。他们怠于关注公司的日常经营活动，与管理层、控股股东及大股东的关系越来越远，甚至有的小股东根本不去关注和了解公司的经营情况，参与公司日常决策及监督管理层更是一句空话。故而对于非上市公众公司而言，其虽然作为一个独立的法律关系主体，通过公司决策来彰显全体股东的意志，但实际上是被管理层和大股东所俘虏和控制的。那么在利益的驱使下，管理层和大股东利用对公司的控制以及中小股东对公司经营状况的漠视，以各种手段损害公司及中小股东利益也就不足为奇了。中小股东利益能否得以有效保护，事关资本市场的稳定，并影响公司治理的有效性。基于我国资本市场投资者结构、中小股东投资目的和习惯等实际考虑，从保护投资者利益出发，在对经理人激励和约束的同时，通过规范对大股东进行一定程度的"束缚"来预防道德风险的发生，也应是公司治理的重要目的之一。

第四节　非上市公众公司治理实践论纲

一、非上市公众公司治理诞生于特殊时代背景下

公司治理以股权分散下的委托代理理论为基础，致力于解决管理层强而股东弱，股东利益被管理层吃空的问题。但进入20世纪90年代后，大量研究发现，集中的所有权结构不断显现，传统公司治理的基础被动摇，这也使得对公司治理的研究逐步进入了以股权集中为基础的新阶段，我们称之为当代公司治理。正由于研究基础的变化，当代公司治理研究的重点也从股东和管理层的代理问题扩展到大小股东之间的利益冲突和代理问题，且试图从法律视角对全球公司治理架构进行比较研究。此时在全球范围掀起的公司治理运动，核心就是通过对公司法、证券法等的修改，辅之以公司治理准则的推

出，来完善投资者保护法律体系和提高治理水平。[1]非上市公众公司治理正是在此时代背景下展开。虽然具有公众性的内在属性，但并非所有公司的股权结构都呈分散状态。在我国，非上市公众公司出现的一种十分有趣的现象就是控股股东和管理层在身份和利益上的同一化，即表现为"单一业主所有制"。虽然所有权是高度集中的，但绝大多数公司的大股东直接兼任董事长和总经理，大股东掌握着公司经营的控制权，作为英美公司治理基础的两权分离的基础不存在。在这一背景下，虽然不会产生所有者与经营者利益分离下的代理成本问题，但并不意味着非上市公众公司不存在公司治理问题。恰恰相反，非上市公众公司治理在传统委托代理理论上又衍生出新的特点，那就是大股东对公司经营的控制和对中小股东的利益"掠夺"。

二、非上市公众公司治理中的利益冲突

（一）大股东与中小股东的利益冲突

非上市公众公司中的控制权，主要表现为通过占优的表决权和对董事会的控制，实现对公司重大决策和经营管理的决断性影响，并进而达到对公司可支配、可利用资源进行管理和分配的状态。此处的控制权多表现为基于资本控制而产生的以资本多数决为基础的表决权控制，以及由此派生出的控股股东对公司人事、财务、经营等的控制。[2]非上市公众公司治理的背景是在所有权与经营权集中的背景下，少数中小股东将经营权委托给作为经理人的控股股东，并监督后者为了股东和公司利益最大化而履行职责。在这一过程中，作为控股股东和中小投资者之间的利益冲突明显。在非上市公众公司中，身兼董事、经理人等身份的大股东具有天然的私益化倾向，在客观上又拥有对公司经营管理活动直接的控制力，因而具备了损害中小股东利益的可能。[3]因为持股集中度高，所以表面上董事、经理人的个人利益不会与公司

---

[1]　参见上海证券交易所投资者教育中心："公司治理与股东权利"，载《上海证券报》2007年7月23日，第A5版。
[2]　参见赵万一主编：《公司治理的法律设计与制度创新》，法律出版社2015年版，第63页。
[3]　参见裴度："集团公司关联交易法律规制研究"，西南政法大学2014年硕士学位论文。

利益产生冲突。但正是凭借着其自身持股优势地位以及趋利避害的本性，大股东通过非公开的违规操作，以公司利益的牺牲来达成个人利益的情况并不少见。公司亏损所导致的对大股东自身利益的减损不仅完全可以通过个人私益的增加来弥补，而且还能将中小投资者亏损的利益"转移"到自身利益的增加之上。

（二）股东与债权人之间的利益冲突

在有限责任原则下，公司以其独立的财产对外担责，通常情况下，股东不会超出出资额对债权人承担责任。在现实中，表决权占优的大股东往往通过各种隐匿手法侵蚀公司资产，股东与债权人之间的冲突实际存在。从另一方面来说，虽然同受大股东的压制，但中小股东和债权人的利益也并非一致。股权和债权在法律性质上本就具有不同的属性和法益，大股东利用表决权优势侵害中小股东权益并不影响债权人利益，累积投票制、利害关系人表决权排除等对中小股东的保护制度，其效果也不会及于债权人。特别是在公司破产清算中，中小股东在剩余财产的分配上和债权人冲突明显。

上述相关主体之间的冲突客观存在且无法避免，如何通过利益平衡的制度设计来调和各方之间的冲突是公司治理的关键，也是公司法制度价值体现的重要方面。[1]与证券法强制性规定背后促进公平的交易价值这一清晰的政策目标不同，在公司法看来持有期长短不同的所有者，其期待目标是不同的，这导致公司法难以制定统一的标准，因此公司法更多采用多样化、授权性规则来进行条款设计。[2]于是，针对非上市公众公司治理的研究重点就集中在通过有效的制衡机制的设计，来约束作为经理人的控股股东、实际控制人权力的滥用，防止对少数股东和债权人的侵害。

三、非上市公众公司治理的新问题

非上市公众公司的控制问题源于经营权与所有权高度重合的事实，也同

---

〔1〕 参见裴度："集团公司关联交易法律规制研究"，西南政法大学 2014 年硕士学位论文。
〔2〕 See James J. Park, "Reassessing the Distinction between Corporate and Securities Law", *UCLA Law Review*, Vol. 64, 2017.

时表现为大股东身份和经理人身份的混同。由于非上市公众公司中内源性融资占比较大，作为后加入的外部中小股东不可能直接支配公司事务。因此，非上市公众公司中的控制问题根源于受大股东掌控的董事会对公司事务的较高支配程度，这种支配通常表现为大股东对中小股东利益的掠夺，其直接后果是加剧了"内部人控制"的程度。内部人在信息掌握上具有天然的优势，在不同目标函数下，身兼大股东身份的经理人可能利用信息优势，以控制权和经营权来为己谋利，削弱了本就存在欠缺的治理结构的有效性。所以在非上市公众公司中，尽管资本的所有权与经营权未发生分离，看似股东利益一致的背后可能蕴藏着两大问题：

一是大股东怠于行使监督权的问题。由于资本所有者与企业经营者在身份和利益上的一致性，大股东不会像在所有权与经营权分离背景下那样，去尽一个"善良"监督人的义务来给自身权力行使制造障碍，而是经常怠于行使自己的监督权。中小股东则因为在公司话语权微弱，处于"公司权力体系"的底层，他们无力也不愿支付因参与公司经营管理或实施监督行为所必须负担的高昂成本。在这种情形下，无论是大股东还是中小股东，任何一方都没有行使监督权的足够动力，而多是以"理性冷漠"或是"用脚投票"的方式参与到公司的日常经营中去。

二是中小股东被迫承担过高代理成本问题。特权消费和建造个人帝国是代理问题的两种主要类型。前者又称特别待遇或者额外福利，多源于经理人的在职消费或利用职务之便为亲友谋利。虽然特权消费的直接受益者是经理人，但是成本却由股东承担，这在公司绩效不佳或濒临破产的时候常会引来公众的愤怒。不过在非上市公众公司中，经理人同时也是公司大股东，特权消费相较股权分散的公司而言相对少见。但与特权消费问题相比，管理者在投资项目上的"购物狂欢""建造个人帝国"问题可能更加常见。尽管公司经营扩张与股东价值最大化间存在一定的联系，然而此联系并非必然呈正相关状态发生。当公司基于股东利益去投资预期现金流超过投资成本的净现值为正的项目后，经理人往往为了从公司规模扩大中受益，会拒绝将自由现金流交付或者分配给股东，使后者有机会去投资其他项目，并转而利用这笔资金去收购其他公司，甚至投资可能有损股东价值创造的项目，以获得权力和社会地位的提升。[1]虽然投资净现值为负的、有损股东价值的项目在股权集中度较高的非上市公众公司中不大可能出现，但公司经营者作为公司的大股东，有着独立于委托人利益去追求自己利益最大化的倾向。他们虽与作为委托人的中小股东同属公司的所有者，但在行为动机和追求目标上的不一致是客观存在的。公司经营者基于大股东的双重身份，拥有一般股东所无从知晓的内部信息。在缺乏必要监督的情形下，依然存有控股股东为了追求自身利益的最大化，放弃包括委托人在内的全体股东的利益，并利用投资净现值为负的项目进行利益输送的可能。同样，也会发生激进的控股股东在"建造个人帝国"的价值驱使下，将中小股东权益"捆绑"进行赌博的情况，从而使公司，尤其是中小股东不得不付出高昂的"代理成本"。

第五节　非上市公众公司内外部治理缺陷

一、内部治理机制不健全

在非上市公众公司"一股独大"的股权结构中，所有者和经理人高度合一，董事会和监事会独立性受到诟病，中小投资者难以对公司运作产生实质性影响，公司治理存在天然缺陷。尽管外部有关非上市公众公司治理的法律和监管环境有了较大的改善，但在非成熟的市场机制下，一部分挂牌公司治理机制发育畸形，市场的公开透明和优胜劣汰功能无法充分发挥，公司治理的内外部缺陷表现明显。首先，股东大会制度形同虚设。有的公司多年不召开股东大会，社会公众股东难以了解公司的生产经营状况和财务状况，经营决策完全由大股东、少数高管人员甚至个人决定。其次，董事会难以体现中小股东意志。在较高集中度的股权结构下，一部分挂牌公司董事会、经理层

---

〔1〕　参见［卢森堡］马克·格尔根：《公司治理》，王世权等译，机械工业出版社2014年版，第8~9页。

长期被大股东操控，董事会和经理人的行为等同或受制于大股东的意志，家族型治理结构盛行。加之中小股东数量少且表决权微弱，累积投票制、独立董事等又长期未被法律强制地"补位"于公司自治不足的实际，使得中小股东的意志长期被公司董事会所忽略。再其次，监事会成为虚职的"花瓶"。作为法定对公司董事、高管执行职务行为专司监督职能的机构，监事会应本着对公司负责、对投资者利益负责的态度去行使自身职权，并通过履行监事会议制度、监事会报告制度来发挥监事会的应有功效。但从非上市公众公司监事会运行实践来看，对董事、高管的监督和制约作用较为有限。最后，公司内部独立性缺失。经过调研发现，在非上市公众公司中依然存在有些公司没有实现人员独立、财务独立和资产独立，控股股东常常将自身及关联方资金与挂牌公司资金混同、随意调拨的情况。

此外，在公司内部控制方面，以基础层为代表的一部分挂牌公司的治理状况与内部控制披露较为形式化，未能充分反映公司内控实际情况。大多数公司普遍披露具有完善的内部控制、无内控缺陷，但现场检查发现，这类公司的内控情况并非披露所称的无缺陷。同时，部分公司还由于内控不完善、不健全，常出现诸如更正公告、延期公告或公告不及时、被监管机构处罚、发生会计差错更正等事项。[1]此外，虚假记载或陈述也时有发生。监管发现，部分公司基于纳税、分红等原因进行虚假会计记载；个别企业还存在脱壳经营、掏空公司资产问题，严重侵害了中小股东的合法权益。

二、内部人控制现象较突出

对于我国大部分非上市公众公司而言，公司实际上是由内部人，而非外部投资者控制的。这就涉及对内部人控制的探讨。传统公司治理中提到的内部人控制一般发生在利益对立和信息不对称的股东和经营者之间。在公司日常经营活动中，作为委托人的股东由于不能有效制衡经营者，使得后者有机会在信息优越性和机会主义驱使下，凭借自身对于公司运营的掌控权，不惜

---

〔1〕　上述情况来源于《全国中小企业股份转让系统挂牌公司 2013 年年报分析报告》。

损害股东利益去寻求自身利益的最大化。[1]这是股权分散型公司内部人控制的常见情形。但现代企业控制主要有内部人控制和大股东控制两种模式，这在我国非上市公众公司中具有趋同性，即控制人既是公司的所有者，也是经营者。控股股东或者说大股东集团的利益与中小股东的利益存在一定的重合性，但又并非完全一致。股权集中度越高，中小股东被榨取利益的可能性就越大。Berle 和 Means 在 1932 年出版的《现代公司与私有财产》一书中，将内部人的范围扩大到被大股东控制的董事会。这些大股东通过亲自参与或委派代表组成为自己谋利的董事会，使得中小股东的利益岌岌可危。内部人控制问题始终与公司治理制度紧密联系，公司治理的完善程度决定了内部人控制的严重与否。所以广义的内部人不仅包括了经营者和雇员，还包括了与中小股东、债权人等外部人对立的大股东。

三、治理缺陷和信披违规现象集中

我国非上市公众公司在自身积累发展上更多体现的是内源性融资，股权集中下董事会的内部人控制较为明显，且大股东之间持股比例也较为悬殊。在一股一票和资本多数决的原则下，控股股东在股东大会及董事会内部拥有绝对的控制权，进而掌控着公司的经营方向和实际运营。在日常运作中，他们极有可能利用控制地位将自身利益附加在公司利益之上并进行利益输送。监管发现，由于部分挂牌公司长期处于家族式、一股独大的管理模式，挂牌公司大股东"习惯性"占款、关联方担保、关联交易现象相对较多。关联交易既是一个会计问题，也是一个法律问题，更可以说是一个公司治理问题，一个国家公司治理水平的高低决定了公司不当关联交易发生的可能性和频率。[2]具有较高公司治理水平的国家，发生不当关联交易的频率和程度就低；如果公司治理水平低下，不当关联交易就会负相关地呈现。

---

〔1〕 参见孙丽：《公司治理结构的国际比较：日本启示》，社会科学文献出版社 2008 年版，第 110~111 页。

〔2〕 参见李建伟：《关联交易的法律规制》，法律出版社 2007 年版，第 231 页。

以 2014 年上半年为例，179 家挂牌公司为关联方担保或关联交易金额总计 32.16 亿元。169 家挂牌公司存在大股东占款现象，占款金额达 5559 万元。就信息披露来看，部分公司信息披露准确性不够，主动性、针对性、自愿性信息披露偏少，个别公司由于不熟悉信息披露规则，导致半年报延期披露。上述问题同时也暴露出部分主办券商对挂牌公司督导和服务工作不到位、未尽责。只顾前期"跑马圈地"，后续督导服务没有跟上。〔1〕时隔 6 年后，从 2019 年全国股转系统的自律监管措施来看，纪律处分涉及的违规行为主要是信息披露违规及公司治理违规，合计占比 96%，其中以未按期披露定期报告、资金占用、违规担保情形居多。〔2〕即使是从 2022 年 1 月~6 月新三板挂牌公司及相关主体监管情况来看，纪律处分所涉事项多为公司治理和信息披露；自律监管措施涉及的公司治理违规事项集中于关联交易、重大交易、对外借款和对外担保等事项未及时履行审议程序及信息披露义务，以及会计核算不规范和违规资金占用等方面。可以看出，全国股转系统从无到有、从萌芽到壮大，大股东"习惯性"占款、违规借款和担保、未及时履行审议程序等问题依旧是典型的公司治理缺陷。

四、大股东对小股东的"压制行为"普遍存在

对经理人的激励和约束毫无疑问是公司治理的主要目的，但如果仅仅将公司治理的目的理解为激励和约束经理人则是片面的。在公司运作的过程中，不仅内部人控制是一个问题，大股东过度操纵公司或是滥用优势地位，损害中小股东和其他利益相关者的道德风险也不容忽视。〔3〕我国非上市公众公司整体上封闭性显著，在公司设立之初，原始股东除了作为资金提供者之外，大多参与公司日常经营管理。然而在公司存续发展的过程中，股东间在

---

〔1〕 上述数据来源于《全国中小企业股份转让系统挂牌公司 2014 年半年报分析》。

〔2〕 参见全国股转系统："坚持依法依规监管 保障市场健康运行——2019 年新三板纪律处分情况通报"，全国股转系统 2020 年 1 月 10 日新闻发布，载 http://www.neeq.com.cn/release/200007240.html，最后访问日期：2020 年 1 月 16 日。

〔3〕 参见薛有志："公司治理结构认识上的误区"，载《经济学动态》2000 年第 4 期。

公司决策、利益分配等方面或多或少会产生一定分歧。当股东间持股比例相当时，在公司决策上经常会出现公司僵局；但当一方持股比例达到可以独立作出决策时，大股东可能基于占优的表决权对小股东进行压制。虽然非上市公众公司在全国股转系统发展后有了股份退出的渠道，不过对于绝大多数挂牌公司而言，此种退出渠道受流动性所限，并非可以达到自由进出的状态。所以一种常见的情况就是，遭受大股东压制的小股东无法随时"全身而退"。关于大股东对中小股东的压制，大致有以下几种情形：一是大股东凭借资本多数决原则无视小股东的利益诉求。二是身兼经理人身份的大股东怠于进行利益分配，转而将利益以工资的形式支付给自己控制的管理层，或频繁利用分红配股制度，稀释一般股东盈余分配总额和每股价值，将公司盈余分配进自己的腰包。抑或虽有盈余，但基于"建造个人帝国"所需，不进行盈余的分派，并通过修改公司章程等手段实质剥夺少数股东参与盈余分派的权利，使其无法参与公司利益的分享。三是在法律上未将大股东压制行为作为司法解散事由的情况下，被压制的中小股东实质上无法获得退出的机会。[1]相较而言，美国《公司法》对于闭锁型股份公司，强调控股股东对其他股东负有信赖义务。当前者的行为偏离公平对待或者偏离少数股东的合理期待，进而对少数股东产生压迫行为时，即构成对信赖义务的违反。对此，少数股东除了可以申请禁制令、损害赔偿或要求公司回购股份外，还可以请求法院解散公司。

五、中小股东退出机制不顺畅

在英美法系国家公司治理中，资本市场的一个重要作用是保障中小股东可以"用脚投票"来表达自己的意见，这在另一方面也使得市场化的兼并收购可以顺利进行。然而，前述机制要想真正发挥作用，必须满足两个条件：一是公司的股权充分分散；二是有活跃的股份转让市场。但遗憾的是，我国

---

[1] 参见徐进：《闭锁公司的治理：大股东、经营者的责任》，浙江大学出版社2013年版，第15~23页。

非上市公众公司在发展中缺少了上述先决条件。在股权分散的公司中，由于只需要很少的股份就可以换来对公司的控制，内外部投资者会积极地通过收购股份与大股东形成对峙或塑造大股东身份。在这一过程中，新进资本的投入就为中小股东的退出提供了一个顺畅的渠道。但对于股权集中的非上市公众公司来说，情况就会发生很大的变化，首先面临的一个问题就是管理层防御。兼为控股股东的经理人常会通过管理层防御避免敌意收购，更不会在职业经理人市场选择最佳候选人。在缺少了敌意收购者持续关注的情况下，管理层的表现通常也不会受到持续的压力和股价下跌的威胁。

与此同时，中小股东也会面临一个想退出却无人接盘的尴尬，这就涉及股权集中的另一个问题——关于股票的变现能力。过于集中的所有权结构不利于提高股票的变现能力，无法形成活跃的股份转让市场，这将最终提高资金成本。资金成本的提高会使得股东对于预期的投资回报率有更高的要求，在公司无法满足潜在投资者的期望收益时，筹资机会就必然减少，进而影响公司的整体利益和市场价值的提升。

第五章

制定治理规范的正当性：对监管现状的分析

公司治理一直以来都是资本市场的永恒话题，曾任证监会主席的郭树清在中国公司治理论坛讲话中指出，良好的公司治理与成熟的资本市场互为前提，公司治理没有"最好"但有"更好"。自全国股转系统建立以来，在包括监管机构、市场各方主体的共同努力下，非上市公众公司治理水平和成效取得了较为显著的进步。但毋庸置疑的是，挂牌公司的治理实践在一定程度上依然滞后于应然的公司治理水平和市场发展的需要，特别是"形似而神不至"的治理外衣，例如股东大会、监事会、董事会、管理层之间以及控股股东与小股东之间未能形成有效制衡；机构投资者与公众投资者参与公司治理的积极性不高，独立董事的作用未能充分发挥；公司内部控制机制不健全，等等。对于非上市公众公司而言，要想走向成熟，必须切实改进公司治理水平，努力提高非上市公众公司质量。全国股转系统作为自律管理组织，在促进非上市公众公司治理方面具有独特的优势，可以发挥独到的作用。

第一节　非上市公众公司治理需要公权力的监管

一、公司具有社会属性

在现代社会中，公司被视为嵌入社会大网络结构中的小网络化经济体。作为组织执行生产任务、分配商品和服务的主要形式，几乎没有可供选择的其他方式可以与公司相媲美。在《现代公司与私有财产》一书中，作者对于公司在社会体系中的重要性给予了高度评价。其提到，公司作为一种实体存在，也是一种制度存在，或许不仅等同于国家，更甚至可能成为替代国家的一种主要的社会组织形态。[1]这就是我们提到的公司的社会属性。现代公司具有经济性和社会性的双重属性。经济性自不待言，在公司的日常经营中已经得到了很好的显现。企业的社会性要求公司从社会角度出发，不仅限于法律对于社会责任承担的规定。更进一步说，是从社会可持续发展利益最大化考虑，去追求有利于社会长远发展的利益。在市场经济的背景下，公司的社会属性已经不允许其一味地追求自身利益，而是要在与经济、社会的协调中，最大效率地与各种生产要素相结合。[2]公司治理就是企业履行社会责任的一条重要渠道，贯穿的是不同利益主体之间权利义务关系的协调。[3]

二、非上市公众公司治理具有国家性

现代公司以现代国家为缩影。两百多年前，在英国法学家布莱克斯通的笔下，公司曾被描述为小共和国。[4]在公司中，权利配置的民主性、效率性、机动性和公平性的要求也一样存在着。[5]国家的公共性和共和制决定了国家治理权力需要在分立与制衡下受到制约，这为大型公众公司的治理提供了很好的参考与范本。除了公司不是主权国家从而在国家主权资格上受到限制外，公司与国家并无异。[6]其次，公司治理制度具有国家性，在每一个国家，对于企业的支配权都是分配在政府和民间部门。这种基于分配来行使权力的社会结构，决定了企业的组织和监管形态，并产生了建筑在一国政治、

---

〔1〕　参见［美］阿道夫·A.伯利、加德纳·C.米恩斯：《现代公司与私有财产》，甘华鸣等译，商务印书馆 2005 年版，第 360~362 页。

〔2〕　参见刘继峰、吕家毅："企业社会责任内涵的扩展与协调"，载《法学评论》2004 年第 5 期。

〔3〕　参见赵万一主编：《公司治理的法律设计与制度创新》，法律出版社 2015 年版，第 302、319~320 页。

〔4〕　参见梅慎实：《现代公司机关权力构造论》（修订本），中国政法大学出版社 2000 年版，第 309 页。

〔5〕　参见李爱荣："公司治理结构的法理学分析"，载《法学》1998 年第 8 期。

〔6〕　See L. C. B. Gower, *Gower's Principles of Modern Company Law*, London：Sweet &Maxwll, 1992, pp. 13~15.

经济体制和历史沉淀基础上的不同公司治理结构选择。[1]同时，公司治理的水平与质量现今也已成为衡量一国投资环境与国家竞争力的重要指标。各国政府纷纷在管制竞争的理念下，为了公司治理的健全发展而修正或强化其公司法律规范。[2]虽然受制于国际竞争压力，各国的公司治理制度长期趋向一致。但总体上而言，目前各国都有着较大差异化的公司治理模式。OECD 公司治理准则就认为，好的公司治理制度存在着共同的基础，但不存在唯一好的模式。实践证明，并没有哪种公司治理模式可以被称为模板而为各国所效仿，每种模式的诞生都是一国在某个时期的特定背景下与市场特征、制度环境及社会传统相协调的结果。对于法律和政策制定者而言，察觉到当下公司治理的困境尤为重要。若不能根据不断变化的客观环境进行调整和本土化，无条件地盲从一种模式，本身看似最优的模式在落地之后可能会因"水土不服"而比其他模式效率更低。

三、行政干预非上市公众公司治理的合理性

在市场经济下，反对政府公权力对市场失灵进行干预的观点认为，通过法律的最优设计和司法的能动性，市场失灵问题即可解决，政府干预是完全不必要的。但这样一种最优状态或者可以说是假想状态，其蕴含的前提是法律是最优的且完备的。只是在现实生活中，法律本身就是不完备的。法律制定在先，而行为发生在后，立法者无法准确预测未来发生的行为及损害并进而拟定合适的规范，所以法律只能从否定性的"不可为"角度去制止某些违法行为的发生。另一方面，法律无法事无巨细地对所有行为进行调整，其在某些特定行为界定上的"真空状态"，抑或因为法律条文的宽泛表述导致规则边界的不清晰，使得法律永远都留有空白。[3]故而就需要通过适应形势变

---

〔1〕 参见孙丽：《公司治理结构的国际比较：日本启示》，社会科学文献出版社 2008 年版，第108~143 页。

〔2〕 参见黄铭杰：《公司治理与资本市场法制之落实与革新》，清华大学出版社 2013 年版，第2 页。

〔3〕 参见刘春长：《中国证券市场监管制度及其变迁研究》，中国金融出版社 2010 年版，第12~40 页。

化的法律解释与执行来弥补法律的内生缺陷，并发挥其指引和惩戒作用，此所谓剩余立法权或执法权，后者就是市场监管出现的理论基础。

长期以来，在发展市场经济的背景下，面对被监管者和舆论的压力，监管者为了避免对市场的不当干预，在经济运行良好时，往往不介入市场运作中去。等到市场主体面临危机时，才被动地采取应对策略，这时又要饱受"没有尽早采取干预措施"的指责。所以，协调和把握权力对于市场的干预界限是十分必要的。也就是说，监管者需要从恰当运用权力出发，改被动反应为积极参与。在市场运行良好时，也要从宏观上积极提出建设性建议，并避免微观上对于市场主体具体商事行为的干预。此外，非上市公众公司大股东和经理人的观念也需改变，要时刻注意自身的行动可能会对市场产生广泛的影响，并亟待通过行政干预来督促他们担负起对整个社会的责任。

四、公司治理是全国股转系统监管的重要组成部分

流动性是包括非上市公众公司在内的股份公司的天性，根据《公司法》第 138 条关于"股东转让其股份，应当在依法设立的证券交易场所进行或者按照国务院规定的其他方式进行"的规定，对非上市公众公司治理的探讨要与全国股转系统的自律管理联系起来。自从《监督管理办法》及相关配套措施出台后，做市商交易制度的引入，投资者准入门槛的降低都为市场的活跃及投资者的多元化参与作了很好的铺垫。鉴于全国股转系统投资风险明显高于交易所市场的特性，以及投资者准入门槛较为形式化的实际，监管者有义务保护中小弱势投资者的利益，而将非上市公众公司治理与全国股转系统监管要求挂钩的做法也将促进该市场的发展。[1]场外市场[2]在市场准入、交

---

〔1〕 参见万国华、王玲："中国 OTC 治理缺位"，载《董事会》2011 年第 1 期。

〔2〕 关于全国股转系统的定位，《国务院决定》明确了全国股转系统全国性公开证券市场的市场性质。2020 年 3 月 1 日正式施行的新《证券法》进一步明确了全国股转系统作为国务院批准的其他全国性证券交易场所的法律地位。但从全国股转系统与沪深交易所在挂牌条件、投资者准入门槛、流动性、交易机制等方面的对比，以及与境外交易所的横向比较来看，全国股转系统的基础层和创新层更具场外交易的特征，原精选层（现北交所）与场内市场更可比。

易机制、投资者保护以及信息披露等方面的公司治理和监管要求与场内市场差异很大，然而多数国家或地区却未对场外市场中非上市公司的治理结构和治理机制作出与上市公司相异的严格区分，这也许是场外市场中政府干预经常失灵的原因所在。有学者指出，各国场外市场发展的经验与教训表明，纵使场外市场"有效率监管"的含义和标准未定，但以非上市公司治理与监管为中心的制度设计及实践可能是衡量场外市场效率性的关键要素。[1]

第二节　非上市公众公司治理规范梳理

一、部门规章层面对于非上市公众公司治理的规范

《监督管理办法》在总则中提出，公众公司应当按照法律、行政法规、本办法和公司章程的规定，做到股权明晰，合法规范经营，公司治理机制健全，履行信息披露义务。[2]接着用了一章的篇幅对非上市公众公司的治理问题作出专章规定，其中指出，公众公司应当建立兼顾公司特点和公司治理机制基本要求的股东大会、董事会、监事会制度，明晰职责和议事规则；公众公司的治理结构应当确保所有股东，特别是中小股东充分行使法律、行政法规和公司章程规定的合法权利[3]。

在公司治理的自我管理与机制完善上，《监督管理办法》要求在公司申请其股票公开转让或定向发行时，董事会应当依法就股票公开转让的具体方案作出决议，并提请股东大会批准，[4]董事会和股东大会决议中就要求包括"按照法律、行政法规和公司章程的规定建立健全公司治理机制"，这在一定意义上可视为要求董事会和股东大会为公司治理机制的建立健全背书。从《监督管理办法》第38条的规定可以看出，中国证监会在受理申请文件后，

----

[1]　参见万国华：《我国 OTC 市场准入与监管制度研究——基于非上市公司治理视角》，人民出版社 2012 年版，第 16~17 页。
[2]　参见《监督管理办法》第 3 条。
[3]　参见《监督管理办法》第 8 条、第 9 条。
[4]　参见《监督管理办法》第 35 条、第 44 条。

其审核的重点也集中在公司治理和信息披露上。同时，《非上市公众公司监管指引第 3 号——章程必备条款》也从指引的层面和公司章程应载明的内容的角度，引导非上市公众公司完善公司治理。

在信息披露的要求上，全国股转系统建立以来，证监会在《监督管理办法》统领下陆续发布了《非上市公众公司监管指引第 1 号——信息披露》以及相应的信息披露内容与格式准则等文件，挂牌公司信息披露的规范性与信息披露质量有了一定的提高。但由于相关规定较为原则，无法应对实践中多元化的信披制度安排。为了针对基础层和创新层的市场特点，进一步明确各挂牌公司的信息披露要求，证监会于 2019 年底颁布了《非上市公众公司信息披露管理办法》（以下简称《信息披露管理办法》）。以保障挂牌公司信披质量、建立差异化的信披体系、形成衔接高效的监管机制为原则，《信息披露管理办法》在挂牌公司信息披露基本要求、差异化的监管要求、监管分工协作机制、相关主体法律责任等方面进行了较为全面的制度整合以及操作层面的制度细化。

在证券服务机构勤勉尽责义务的履行上，《监督管理办法》规定了证券公司和证券服务机构在从事股票转让、发行等业务活动中，应当按照中国证监会的有关规定勤勉尽责地进行尽职调查，对（拟）挂牌公司的主体资格、规范运作、公司治理、财务状况、信息披露等内容的真实性、准确性、完整性进行充分核查和验证，督促其及时履行信息披露义务、完善公司治理。[1]

二、规范性法律文件层面逐步提出公司治理要求

自 2013 年《国务院决定》发布以来，全国股转系统飞速发展。在市场建设初期，对于这一新兴板块和公司形态，从部门规章到规范性法律文件层面一直未提更高的监管要求。但进入 2015 年后，全国股转系统行情跌宕起伏，市场预期不明，于是在证监会层面，再度从顶层设计的视角明确了对全国股转系统和挂牌公司的市场预期。

---

〔1〕　参见《监督管理办法》第 6 条、第 60 条。

2015 年 7 月，证监会在《指导意见》中要求非上市公众公司要完善法人治理及内控体系，规范股东大会、董事会、监事会的运作。充分发挥公司章程在公司治理、纠纷解决中的作用，规范股东间的权利义务，确保所有股东，特别是中小股东充分行使权利。主办券商要持续督导挂牌公司履行信息披露义务、完善公司治理。全国股转系统按照法律法规及《国务院决定》《全国中小企业股份转让系统有限责任公司管理暂行办法》（以下简称《管理暂行办法》）的要求，履行对挂牌公司的自律监管职责，制定挂牌公司治理规范，建立完善挂牌公司监管档案，完善市场主体诚信管理机制。[1]

同年 11 月，证监会又发文，在《关于进一步推进全国中小企业股份转让系统发展的若干意见》（以下简称《若干意见》）中指出，在持续督导环节，主办券商应持续加强挂牌公司合规培训，切实履行对信息披露文件的合规审查职责，帮助挂牌公司提升规范治理水平。全国股转系统应督促挂牌公司按照《公司法》《证券法》《监督管理办法》以及全国股转系统自律规则的规定，完善公司治理机制，提高信息披露质量。[2]

三、以持续披露为抓手对非上市公众公司实施监管

《指导意见》为非上市公众公司的监管提出了三项基本要求：一是依法明确行政监管与自律监管的内容与边界，两者不得相互替代、不得缺位越位；二是在监管中发挥市场作用，建立健全自律监管、中介督导、社会监督为一体和主线的市场约束机制，行政力量不介入通过自律、市场、公司自治可以解决的事项；三是向事中、事后监管转型，强化对欺诈、虚假披露、内幕交易、操纵市场等违法违规行为的监管执法。按照上述原则，在对非上市公众公司治理提出要求时，应当建立多元化、差异化、适度化的监管体系。[3]

根据《管理暂行办法》赋予的全国股转系统对挂牌公司的持续监管职

---

〔1〕 参见《指导意见》。
〔2〕 参见《若干意见》。
〔3〕 参见《关于加强非上市公众公司监管工作的指导意见》。

责，为了细化对挂牌公司的监管，《信息披露管理办法》《全国中小企业股份转让系统挂牌公司信息披露规则》（以下简称《信息披露规则》）在《监督管理办法》和《管理暂行办法》的基础上，进一步明确了挂牌公司在定期报告和临时报告等方面的披露要求，并针对挂牌公司包括信息披露违规在内的违法违规行为，制订了《全国中小企业股份转让系统自律监管措施和纪律处分实施细则》。通过监管措施和纪律处分的"两手抓"，逐步规范市场秩序，保障信息披露的真实、准确、完整，维护投资者权益。[1]

　　总体而言，现有的制度规范对于挂牌公司治理问题的差异化监管安排不足，挂牌公司在市场发展高峰时数量近万，且公司规模、股东人数、所属行业有着较大差异。虽然全国股转系统于 2017 年 12 月发布了《全国中小企业股份转让系统挂牌公司分层管理办法》（以下简称《分层管理办法》），并调整了创新层、基础层的准入条件，但在整个制度规范层面，对于挂牌公司的分类管理和差异化监管还不够精细，未能充分匹配挂牌公司的特点和需求。[2]如何将有限的监管资源进行合理配置，是在非上市公众公司治理亟待解决的问题。

第三节　非上市公众公司治理规范存在的问题

一、非上市公众公司监管指引的可操作性不足

　　自 2002 年证监会《上市公司治理准则》以及《上海证券交易所上市公司治理指引》等有关上市公司的治理规范发布以来，上市公司治理水平在证监会开展的公司治理专项整治工作下取得了巨大进步，并初步构建了一套公司治理框架。不过遗憾的是，对于非上市公众公司治理在内生机制上的天然缺陷和在外部市场环境成熟度上表现出的阶段性缺失，市场并没有给予应有

---

　　〔1〕　参见杨喆、汪敏达："非上市公众公司监管制度：现状、问题及展望"，载《证券市场导报》2016 年第 3 期。

　　〔2〕　参见洪艳蓉："公众公司治理机制与新三板市场改革"，载谢庚、徐明主编：《多层次资本市场研究》，中国金融出版社 2019 年版，第 17 页。

的重视。证监会对于非上市公众公司监管的目的是引导并推动挂牌公司在《公司法》《证券法》等法规框架下健全治理机制，依法实行自治。[1]而《监督管理办法》框架性和笼统式的条款设计，仅初步明确了非上市公众公司的监管职责及挂牌公司的义务性规定。虽然在一定程度上提高了监管的灵活度，但在实施过程中，容易出现监管责任认识不统一、追责依据不充分、监管协调机制不健全等问题。

在 2020 年《全国中小企业股份转让系统挂牌公司治理规则》（以下简称《挂牌公司治理规则》）及《全国中小企业股份转让系统挂牌公司治理指引第 1 号——董事会秘书》发布以前，对于挂牌公司的治理要求散见于各规则和监管指引中，且规范的数量、内容、力度都较为不足。例如《非上市公众公司监管指引第 3 号——章程必备条款》，只是对非上市公众公司的治理作出原则性规定，将股东决策机制、矛盾纠纷解决机制等交由章程来约定。但相关规范对于非上市公众公司治理的规定又太过于原则。譬如要求，章程应当载明董事会须对公司治理机制是否给所有的股东提供合适的保护和平等权利，以及公司治理结构是否合理、有效等情况，进行讨论、评估，那么这些评估是否向公众公开，是否向监管部门报送，对于评估结果的评判及责任承担又由谁来执行，尚无明确的规范指引。这种没有惩罚后果的原则性规定是否可以起到应有的效果，在中国目前的大环境下还较为困难。《挂牌公司治理规则》虽然提出了系统化的公司治理要求，也进行了差异化的安排，但实践效果如何，尚待时间检验。同时，前述系统化的公司治理要求所对应的挂牌公司治理指引只有《全国中小企业股份转让系统挂牌公司治理指引第 1 号——董事会秘书》《全国中小企业股份转让系统挂牌公司治理指引第 2 号——独立董事》《全国中小企业股份转让系统挂牌公司治理指引第 3 号——表决权差异安排》三项，治理规则的细化程度和可操作性略显不足。

---

〔1〕 参见中国证监会：《〈非上市公众公司监督管理办法（征求意见稿）〉起草说明》，中国证监会 2012 年 6 月 15 日公开征求意见通知，载 http://www.csrc.gov.cn/pub/zjhpublic/G00306201/201206/t20120615_211477.htm，最后访问日期：2012 年 6 月 30 日。

二、纳入监管的非上市公众公司范围较大

《监督管理办法》在非上市公众公司的准入上明确了"向特定对象转让或发行导致股东人数超过 200 人、股东人数超过 200 人的公司申请股票公开转让"应当向证监会申请核准，"办法实施前股东人数超过 200 人的股份公司"应当按相关要求规范后申请纳入监管两种方式。但在实践中，将所有向特定对象转让或发行导致股东人数超过 200 人的公司均纳入监管范围难度较大。究其原因，其一是由于根据现行《公司法》规定，各地工商行政管理机关只对股份公司的发起人进行初始登记，对之后由于股份转让或私募发行所发生的股东变更情况不作强制登记要求。目前尚无全国统一的非公众股份公司股权托管登记机构存在，监管部门无法掌握因股份转让或定向发行导致股东人数超过 200 人的非公众股份公司的情况，监管的有效性无法保障。其二，公司具有规避监管的天然倾向，在无显著收益的情形下，公司不愿承担监管成本，大多选择在监管部门不掌握股东数量变化的情况下规避监管。其三，我国多层次资本市场尚处于发展建设中，各区域性场外市场的融资规模和流动性都较为有限，部分股东人数超过 200 人的股份公司在无法满足全国股转系统挂牌条件的时候又无法在区域性场外市场充分融资，不利于调动非上市公司配合监管的积极性，也难以通过场外市场对非上市公司实施有效监管。

三、未建立便利监管的多方位监管协作机制

随着《国务院决定》的推出，各地意欲通过资本市场直接融资的中小微企业纷纷在当地政府的推动下，加快在全国股转系统挂牌的进度。但由于公司自身在治理结构上的不健全，又缺乏如券商对拟上市公司的辅导和监管部门的辅导验收，企业在成为非上市公众公司后，将不可避免地出现大量信息披露、公司治理及信访投诉等问题。处于"放任""失控"状态、不履行法定义务的公司比比皆是，不规范问题相当突出。我国资本市场总体而言仍处于"新兴加转轨"的阶段，市场成熟度不高，公司治理的自治动力和效果微

弱。若没有监管部门的适度介入和引导，而仅依靠全国股转公司的自律管理，将无法对上述问题作出有效应对。在全国股转系统初具规模效应以后，如何构建证监会—全国股转系统—地方政府三位一体的监管协作体系是非上市公众公司监管面临的重要问题。

制度建议篇

第六章

制定机制：以治理指引为主导的软法规范体系

第一节　路径选择：公司自治还是规则强制

一、有效的公司治理结构必须通过一系列机制来塑造

公司治理结构是由一整套内外部机制组成，用来管理、监督、奖惩所有公司治理参与者的安排和关系，以为股东创造可持续的长期价值和保护其他利益相关者的利益。[1]根据世界银行对公司治理结构的规定，有效的公司治理结构包括了内外部两种机制，即以实现公司价值最大化为目标的规则或契约框架，以及约束和激励公司实现良好治理的市场机制。这要求公司治理应当在所有者和经营者之间建立一种恰当的平衡以及一系列关系和权力的分享机制，以决定所有者如何监督经营者运作公司、经营者如何对所有者负责。同时还要遵循市场机制，遵守法律规范以及最佳实务。其次是正确界定不同公司机关间权力行使的边界，并在不同公司机关间恰当地分担义务、责任和风险。非上市公众公司治理的主要目的之一就是防止公司权力被内部人滥用，并对作为代理人的大股东的自利行为进行约束，使之符合公司和股东利益最大化的要求。[2]最后是提高以董事会为代表的公司管理机关的管理活动

---

〔1〕　参见［美］扎比霍拉哈·瑞扎伊：《后〈萨班斯-奥克斯利法〉时代的公司治理》，陈宇译，中国人民大学出版社 2009 年版，第 42 页。

〔2〕　参见赵万一、华德波："公司治理问题的法学思考——对中国公司治理法律问题研究的回顾与展望"，载《河北法学》2010 年第 9 期。

质量，使之能更为有效地发挥作用。上述目标的达成，必须通过一系列机制的塑造来完成。

二、非上市公众公司治理强调国家调节下的公司自治

在市场经济环境下，充分尊重市场的基础性作用是客观经济规律，但对于阻碍市场功能发挥的有违公平正义的行为，则需要规则来约束。在非上市公众公司治理的路径选择上，是完全交由公司章程，让市场力量自我约束和修复，还是需要公权力的强制性规范，是对非上市公众公司治理监管的正当性基础之所在。

公司法对于人合性质的公司更加强调公司自治，这是私法自治的具体体现。在企业自治原则下，将公司的正常运行悉数委托作为公司所有人的股东自行监督，充分反映了市场经济的内涵，也是公司法律关系的常态。但在强调非上市公众公司治理自由的时候，同时也需要关注作为市场经济另一个重要领域的经济秩序。也就是说，整个市场秩序是否会因为此种公司"自由权利"的行使而陷入混乱。在相关主体的自治超越了经济秩序所能容忍的维度，并对后者可能造成危害的时候，私人意志的发挥就需要在国家意志之下来达成。换言之，国家公权力在特殊情况下发动，由行政或司法机关对公司自治加以必要的干涉，不仅是国家对市场经济调节手段的重要体现，也是市场秩序顺畅运行，以及其他市场主体意思自治得以实现的重要保障。

另一方面，在非上市公众公司治理的监管分野上，证监会的行政监管和全国股转系统的自律监管共同作用于非上市公众公司治理监管上。证监会根据法律、行政法规和部门规章对非上市公众公司直接作出行政处罚和行政监管措施，并指导、监督全国股转系统的自律监管工作。对于挂牌公司持续信息披露监管和交易监察等具体监管工作，仍由全国股转系统在自律监管权限下履行监管职能。理论上而言，只有当穷尽自律监管手段仍无法有效应对时，行政监管之手才会直接介入具体监管中去。[1]正如北美证券业规则主要

---

〔1〕 参见鲁篱："证券交易所自治地位的比较研究"，载《社会科学研究》2004年第5期。

起草人之一的 Louis Loss 所指出的那样，依赖国家机器的监管可以做到黑白分明，但只能是一种粗线条的，而对许多行业内部的"灰色地带"的细致管理，则需要在政府指导下的自律管理来完成。[1]

三、交易场所在公司治理中的作用

有一种观点认为，交易场所对挂牌公司的监管仅限于信息披露监管，对挂牌公司治理的监管也只能通过监管挂牌公司的信息披露来实现。其主要理由是公司治理是公司内部事务，属于公司自治的范畴，交易所不宜介入。

但应看到，信息披露及其监管本身就是公司治理的重要内容，[2]经济合作与发展组织（以下简称"OECD"）的一项研究（IOSCO 也参与其中）[3]显示，全球交易所在直接促进公司治理方面一直发挥着重要作用：第一，制定公司股票上市规则和信息披露规则，并负责实施，其中通常包含对公司治理的要求；第二，与监管机构合作或根据监管机构授权，构建有效的公司治理框架；第三，制定或参与制定公司治理准则、指引、建议、最佳实践做法等"软法"[4]，倡导良好的公司治理规范；第四，采取措施激励挂牌公司采用更高的治理标准，包括设立公司治理板块及推出相关指数产品、对不同层次的公司采用不同的公司治理要求、加强公司治理的宣传与培训等。[5]由

---

〔1〕　参见李海龙："全球并购背景下的证券交易所——以美国经验为重心"，载《清华法学》2014 年第 3 期。

〔2〕　在世界范围被公认为是良好公司治理基准的《OECD 公司治理原则》六大方面的原则之一即为"信息披露与透明度"，其总体要求为"公司治理框架应确保及时准确地披露公司所有重要事务的信息，包括财务状况、绩效、所有权和公司的治理。"

〔3〕　See Hans Christiansen, Alissa Koldertsova, "The Role of Stock Exchanges in Corporate Governance", *Financial Market Trends*, Vol. 2009/1, http://www.oecd.org/dataoecd/3/36/43169104.pdf.

〔4〕　"软法"（soft law）是相对于"硬法"（hard law）而言的，在公司治理领域通常是指国家立法机关以外的主体制定、没有强制约束力、由公司自主选择是否遵守的倡导性规范。纽约—泛欧交易所、纳斯达克—北欧交易所、伦敦交易所、东京交易所、澳大利亚交易所、波兰交易所等交易所都制定了公司治理的准则或建议。

〔5〕　例如，巴西交易所为那些愿意遵守比法定要求还高的治理标准的公司专门设立"Novo Mercado"板块；伦敦交易所对主板和 AIM 板分别适用较高的、较低的公司治理要求；多伦多交易所为采用较高公司治理标准的小公司从创业板向主板转板提供便利。

于公司可以自主决定是否挂牌、到哪一个交易场所及其内设的哪一板块挂牌，一旦其提出挂牌申请即意味着自愿接受挂牌协议和挂牌规则的约束，以及交易场所的监管。因此，交易场所对公司治理的监管与公司自治原则并不矛盾，它是公司自主意愿和公司自治的体现。

从我国公众公司的治理实践和要求来看，早在 2000 年 10 月上海证券交易所（以下简称"上交所"）就推出了《上海证券交易所上市公司治理指引》，并因此促进了 2002 年初证监会《上市公司治理准则》的出台。此后上交所又陆续制定了针对公司组织机构运作、信息披露、内部控制、社会责任等事项的一系列业务指引，完善了公司治理的规则体系，并以信息披露为抓手，大力促进公司治理，积极参与"股权分置改革""清欠解保""上市公司治理专项活动"，加强独立董事备案及培训和董秘资格管理，强化了对公司治理的自律监管；组织编制"上证"系列公司治理指数、社会责任指数及开发相关指数产品，开展"公司治理板块"和年度董事会奖、信息披露奖的评选，引导上市公司改善公司治理，并与国内外同行、研究机构及 OECD 等国际组织就公司治理问题进行交流，深化对于公司治理的理论研究。

综观国内外证券市场，交易场所之所以能在公司治理中扮演重要角色，与其作为自律管理主体的特点密不可分：第一，交易场所对挂牌公司的监管以挂牌协议和相关主体对于挂牌协议的遵守为基础，而挂牌规则的制定程序相对简便、内容更加具体，可以较好地弥补法律、法规、规章在操作性、时效性和灵活性上的不足；第二，交易场所基于挂牌规则对公司治理进行监管具有协议性，可以克服部门规章介入公司治理可能面临的法源依据的诟病；[1]第三，交易场所根据资本市场出现的新情况、新问题及时制定、修订公司治理规范，可以发挥资本市场制度创新先行先试的"探路者"作用，为未来完

---

〔1〕 有学者认为，各国证券监管机构在监管属于上市公司内部结构的公司治理上，并没有明确的法源依据，例如在美国，除非法律有明确授权，SEC 不能对上市公司的治理作出规定和指示。参见谢增毅："证券交易所组织结构和公司治理的最新发展"，载《环球法律评论》2006 年第 2 期。因为规章在没有上位法依据的情况下规定公司治理事项，可能会遭受是否合法及违背公司自治原则的质疑，而以上市规则为基础的监管则具有合同上的依据。

善立法奠定基础；第四，交易场所为应对日益激烈的行业竞争，也有完善挂牌规则中的公司治理条款，以提升挂牌公司质量和自身监管声誉的内在动力。在我国，随着证监会简政放权和进一步深化"放管服"改革力度的加大，交易场所切实发挥自律管理职能，强化上市公司常规监管、行为监管、过程监督和责任追究，更好地推动和参与挂牌公司治理的优化，就显得尤为重要和迫切。

第二节 非上市公众公司治理中的软法参与

一、经济市场化与全球化下的软法发展

软法（soft law）的概念源于 20 世纪 70 年代的国际法学界，其表现形式多为不具有法律约束力，却可产生实际效果并被普遍遵从的决议、宣言、声明、指南等行为规则。[1]在各独立主权国家构成的全球社会中，不存在凌驾于他国之上、对各国均具有普遍约束力的国际法律，但全球化的深入又使得需要某种规范去作用于国际事务的协调。在条约法和习惯法无法及时、有效地发挥调节作用的制度土壤下，凝聚着各国在某些方面达成的共识的软法规范逐渐萌芽并发展开来。从各国根据软法行事的意愿看来，其也可被视为被各国普遍接受和承认的在处理某些问题上的最佳做法。

软法的盛行有其必然性，经济市场化和经济全球化所带来的管理权力结构的转变，以及经济领域公共治理模式和协商民主理念的兴起，都使得软法有了用武之地。[2]虽然软法概念较早出现在国际法学界，但作为一种非强制性规范，并非国际法领域独有。经国际法学者的引入，软法这一概念逐渐被国内法学者所重视，并将社会规则划分为软法和硬法。软法包含了带有一定号召性、促进性、协商性、指导性特征的非强制性法律规范，[3]硬法是传统法律规范体系内的包括法律、法规、规章、自治条例和单行条例等在内的规

---

〔1〕 参见罗豪才等：《软法与公共治理》，北京大学出版社 2006 年版，第 41 页。

〔2〕 参见邓小梅："经济领域中的软法规律性初探"，载《武汉大学学报（哲学社会科学版）》2011 年第 6 期。

〔3〕 参见罗豪才主编：《软法的理论与实践》，北京大学出版社 2010 年版，第 101~102 页。

则。[1]由于硬法的制定、修改受制于相应的周期和程序,在内容上也相对较为宽泛和抽象,所以在具体问题的适用上,针对性和灵活性有一定的不足,常常出现颁布之初即落后于实践的现象。另一方面,我国正处于经济体制发展和改革的重要时期,而硬法的制度供给不足,使得社会经济生活对于各项规则的需求得不到满足。相较于此,软法规则却因更具灵活性、具体性和指导性而使得当下社会对其有着巨大的需求空间。

二、软法的本质与存在的正当性预期

软法的复兴是现代社会中自律意识和自治能力增强的表现,同样也是一种要求。软法的效力在实践中体现了自律与他律的结合,其中,自律是主导,他律为辅助,对相关主体利益起到协调与平衡的作用。[2]Ulrika Morth 教授在其书中指出,几十年以来,软法逐渐发展为一个重要概念,其所蕴含的"没有政府的治理",已成为全球政治中一种显著现象的写照。[3]毫无疑问,以国家意志和强制力作为实施保障的硬法具有不证自明的正当性,但作为相关主体行为指引的软法,通过一种被普遍认同和遵守的方式获得了制度存在的正当性预期。欠缺国家强制力保障实施的软法虽然是异于道德、习惯、行政命令等的"非典型"规范,不具有普遍的司法适用性,但并不意味不产生任何实际效果。与硬法规则相比,软法规则对实践的指导意义更强,其在性质上更接近于普遍接受的"格式合同",可以在既有法律框架下就原则性规定树立比硬法规则更为细致的示范做法,克服硬法规则在对社会生活适应上迟缓、僵硬的弊病。[4]作为一种体现公众意志的规范,软法代表了特定行业、领域内的普遍或是最佳做法,在一国法治体系中具有不可动摇的地位,并在实践中

---

〔1〕 参见程信和:"硬法、软法与经济法",载《甘肃社会科学》2007 年第 4 期。

〔2〕 参见邓小梅:"经济领域中的软法规律性初探",载《武汉大学学报(哲学社会科学版)》2011 年第 6 期。

〔3〕 See Ulrika Mörth, *Soft Law in Governance and Regulation: An Interdisciplinary Analysis*, Cheltenham: Edward Elgar Publishing, 2004, Preface ix.

〔4〕 参见姜明安:"软法的兴起与软法之治",载《中国法学》2006 年第 2 期。

被相关主体普遍遵从，对公共资源配置和社会财富分配产生重要影响。[1]

三、公司治理软法化的国际趋同

从域外实践来看，在公司治理规范制定方面，美国从州、联邦到证券交易委员会都制定了各自的规则，除此之外，公司治理规则的软法化在美国也表现得尤其突出。不仅各交易所在所制定的上市标准中有关于公司治理的要求，诸如美国法律协会、加州公务员退休基金、通用汽车公司等研究机构、机构投资者和大型上市公司也都会发布各自的公司治理规则。虽然这些软法化的规则不具有法律强制约束力，但是这种关于公司治理的最佳实践也反映出一个好的公司治理体系的评价标准，并成为公司治理规范制定的重要来源。其中具有代表性的是 1993 年美国法律研究院通过并颁布的《公司治理原则：分析与建议》，报告包含了法律规则重述、立法建议、公司治理实践建议，以及相关评述的文本，探讨了所有权和经营权分离下的公司治理问题，旨在厘清董事和管理层的责任与义务，并为他们如何有效履行义务提供指导。[2]虽然报告关于公司治理的讨论不尽完美，但依然在美国公司治理领域具有里程碑式的意义，甚至被法院援引作为判案依据。

作为公司治理运动主要发源地的英国，自 20 世纪 90 年代开始对公司治理情况进行改进。在 20 世纪 80 年代的时候，国际上几家大型公司相继倒闭。90 年代初，随着英国一连串公司丑闻的曝光，使得英国国内也意识到必须对当下的公司治理状况进行反思。基于此，伦敦若干以审计和管理规范见长的研究机构在 1992 年提交了名为"社团法人管理财务概述"的报告，即"凯得伯瑞报告"（Cadbury Report）。[3]该报告聚焦董事会组成、独立董事的

---

〔1〕　参见罗豪才："公共治理的崛起呼唤软法之治"，载《政府法制》2009 年第 5 期；姜明安："软法的兴起与软法之治"，载《中国法学》2006 年第 2 期；罗豪才等：《软法与公共治理》，北京大学出版社 2006 年版，第 111 页。

〔2〕　参见美国法律研究院通过并颁布：《公司治理原则：分析与建议》（上卷），楼建波等译，法律出版社 2006 年版，第 15 页。

〔3〕　参见彭宇："我国上市公司独立董事辞职行为的信号传递效应研究"，河南大学 2012 年硕士学位论文。

任命、执行董事的劳动合同与薪酬，以及公司财务报告等事项，探讨了涉及财务报告和会计事项等问题，并给出了"最佳经营准则"。该研究机构在报告中给出的核心建议是：所有注册于英国的上市公司的董事会都应当遵守此准则。该报告之后与"拉特曼报告"（Rutterman Report，1994）、"格林伯利报告"（Greenbury Report，1995）、"哈姆佩尔报告"（Hampel Report，1998）一起作为前期研究成果，最终形成了英国公司治理委员会"公司治理联合准则"（Combine Code of the Committee on Corporate Governance）。[1]该综合准则很快被伦敦证券交易所认可，成为交易所上市规则的有力补充，极大推动了英国公司治理运动的发展。"凯得伯瑞报告""哈姆佩尔报告"，以及作为上述联合准则指南的"特恩布尔报告"（Turnbull Report，1999），堪称英国公司治理史上的三大里程碑。[2]

四、非上市公众公司治理的软硬法配置

就目前非上市公众公司发展状况及治理要求而言，其与软法治理在制度供给与需求、价值导向和治理方式等方面有较高的契合度。非上市公众公司治理的软法规范包含了宏观和微观两个层面：宏观层面的软法治理，是公权力机关通过制定包含若干软法条款的法律和公共政策来规范非上市公众公司治理；微观层面的软法治理，是指以全国股转系统为主的治理规范的塑造。但令人遗憾的是，目前非上市公众公司治理在软法资源配置上又显现出较多不足。从宏观层面来说，并没有任何一部法律可以为非上市公众公司治理提供指引，其只能适用关于股份公司治理的一般规范。但股份公司根据公众性不同，有上市公司、非上市公众公司、非公众股份公司之分，对应的治理机制一定存在差异化，对公众性不同的公司适用同一治理规范必然是不恰当的。就微观层面来看，有关非上市公众公司治理的自律规范发展又较为缓慢。虽然以证券业协会和证券交易所为代表的行业自律组织自《证券法》出

---

〔1〕 参见江华："独立董事与监事会职能的冲突与协调"，载《重庆社会科学》2002年第4期。

〔2〕 参见王光远、刘秋明："公司治理下的内部控制与审计——英国的经验与启示"，载《中国注册会计》2003年第2期。

台伊始就已存在并发展着，但受制于诸多原因，自律管理成效并未得到充分体现。值得肯定的是，随着全国股转系统的建立以及相关规则体系的完善，对于非上市公众公司治理开始更加注重自律监管。不过从总体上而言，满足当前非上市公众公司治理所需的自律规范体系及治理指引尚待完善，特别是在 2020 年《挂牌公司治理规则》发布以前，借助自律规范来调整非上市公众公司治理的成效不尽如人意。

对于软法在非上市公众公司治理中的作用，需要辩证看待。目前在金融领域存在很多层次较低的软法规范，正当性难以保证。"不正当软法"的存在使得社会公众一度对于软法的规范成效产生怀疑，并进而导致了对于软法治理正当性及效用的否定，形成"软法非治理"的悖论。[1]因此，如何保证非上市公众公司治理中软法规范的正当性就成为亟须解决的问题。笔者认为，非上市公众公司治理中软法规范的正当性取决于制度设计与立法宗旨和理念的匹配度，以及对规范实践的能动性反应。也就是说，软法治理的形成必须首先保证软法对硬法的尊重和维护，对实践中不断出现的新问题的能动性调整。

第三节　非上市公众公司治理的软法化路径：公司治理指引

一、公司治理指引是一种软法化的制度供给

构建科学、合理的公司治理模式一直以来都是推动公司法制度变革的重要力量，也是各国公司制度竞争的一个重要方面，更是非上市公众公司监管体系建设所面临的重要问题。综观各国经济发展历程，公司是最基本的社会组织形式。虽然影响一国经济发展水平的因素是多样且复杂的，但公司治理水平的好坏无疑是一个重要因素。作为社会治理的一个组成部分，良好公司治理是实现社会目标的基础，公司治理改革的成效会为整个社会治理体制的

---

〔1〕 参见邢鸿飞："软法治理的迷失与归位——对政府规制中软法治理理论和实践的思考"，载《南京大学学报（哲学·人文科学·社会科学版）》2007 年第 5 期。

创新提供丰富的制度资源。通过公司治理指引的制定，以一种软法化的制度供给和责任约束，在尊重公司自由意志、提高公司盈利能力以及满足利益相关者多元化利益诉求中求得平衡。

二、公司治理指引树立了一种最佳治理实践

我国资本市场诞生和发展的历史较晚，虽然近些年有了长足的发展，但仍存在一定的完善空间。全国股转系统的挂牌公司很多创立时间都不长，企业规模和质量两极分化明显，这些公司中的大部分治理机制只是初创，缺乏成熟的治理理念，也就无法总结出自身先进的治理经验和准则。然而全国股转系统的迅速发展以及与交易所市场衔接的日益紧密，倒逼挂牌公司不断完善公司治理机制。拥有完善公司治理机制的企业无疑能得到市场的青睐，获得更优质的融资机会。在明确的权责划分、有效的协调机制以及透明的监管系统下，管理层的行为将被有效约束，投资者将更加关注公司的盈利能力，而非短期的投机炒作，这对于整个资本市场投资泡沫的抑制以及稳定性的维持都是大有裨益的。[1]

三、公司治理指引体现了法律普适性下的规则具体化

无论各国公司法对于公司治理规定得如何详尽和完备，但相对于公司组织形态的日趋丰富，以及公司经营活动向复杂多元化转变而言，法律在公司治理问题上也只能提供最基本的原则性规定和公司治理架构，而无法设计出一套应对包罗万象的商事主体实际需求的统一或是完美的公司治理模式。我国《公司法》为公司组织形式及运营管理提供了一套普适性的法律规则，在公司治理问题上，也仅对一般、普遍的问题进行规范。对于兼具人合性和资合性，且整体公众性和数量处于不断变化着的非上市公众公司来说，实践中将许多具体的治理问题都在私法自治原则下交由公司章程规定。

---

〔1〕 参见林益："《上市公司治理准则》的软法化研究"，厦门大学 2014 年硕士学位论文。

四、公司治理指引符合全国股转系统分层化的监管需要

如果用一个字来形容全国股转系统挂牌公司，那就是"杂"。市场上既充斥着可以与交易所市场相比肩的优质企业，也有员工人数不到两位数的"小作坊"。如果对这些企业一刀切式地施加同一监管标准，那么毫无疑问会严重拖慢市场创新的节奏。所有可能招致风险的创新，如降低投资者门槛、公募入场、做市商扩容等都无法顺利推行下去。在此背景下，通过市场分层，将企业分门别类地"因地制宜"，创新才能加速，市场流动性问题才能解决，全国股转系统才能真正实现跨越式发展。2016 年 5 月 27 日，全国股转系统分层标准正式公布，代表营利性、成长性和流动性的三套标准，使得创新层跃然纸上。

不仅市场需要分层，公司治理标准也需要分层，目的是将具有实质性公众利益的、股东人数较多的挂牌公司，置于与其公众性相匹配的公司治理监管水平，从而确保从事非上市公众公司股份交易的投资者能得到相应程度的法律保护。但就现有规范看来，法律规则的滞后性使得在 2020 年《挂牌公司治理规则》发布后，才有一个较为系统的治理规则。但遗憾的是，目前制度规范仍无法为市场内部公众性不同的挂牌公司提供可供参考的治理示范样本。

此外，2019 年新三板改革落地后，创新层、基础层投资者准入门槛分别降为 100 万元、200 万元，由此带来了个人投资者数量的飞速增长。截至 2021 年 8 月底，新三板市场投资者规模是改革前的 7 倍。在长期以来带有投机主义的投资习惯的作用下，大批个人投资者会加剧投资者的集体行动问题。其中，一定数量的投资者又通常缺乏机构投资者所拥有的经验、信息搜集和分析能力。虽然每一个投资者都对公司的财务和经营状况有充分了解的需要，但很少有投资者能充分提取所获取的信息中的全部利益，也不存在将全体投资者获取信息的利益内部化的可能。[1]所以当市场流动性增强、股东

---

〔1〕 See Stepen J. Choi, A. C. Pritchard, *Securities Regulations：The Essentials*, New York：Aspen Publishers, 2008, p. 84.

人数增加时，通过自发的市场秩序来解决信息不对称就越困难，此时挂牌公司治理状况的好坏就显得尤为重要。[1]因此就需要通过非市场力量事先介入公司治理，为挂牌公司提供一个可供参照的公司治理最佳实践，这也是非上市公众公司治理要求的一个重要原因。

第四节 《上市公司治理准则》[2]的立法反思与借鉴

一、对《治理准则》强制效力的思考

我国《治理准则》诞生于特殊的经济环境下，是由作为政府他律监管的证监会负责制定，在责任设置上体现一定强制性的部门规章。在内容上，其在吸收境外发达国家治理机制的基础上，对上位法的若干原则性规定进行了明确；在方法上，依托公司章程，将治理准则分主体转化为权利和责任；在实施上，依托证监会对于证券市场的监管职能，在上市公司中强推此准则。由此，本应作为指导性的行为规范变成了对公司法、证券法的不足进行弥补的强制性规定，这恰恰与发达国家公司治理准则的制定主体和效力相反。域外公司治理准则的推出也有着特定的社会经济根源，一方面是现实环境中某些公司治理确实出现了问题；另一方面，同时存在一些治理机制较完善的企业，他们通过摸索，总结出了可供参照的公司治理范本。这些针对特定问题展开的治理准则多为指导性和非强制性规范，可概括为是由非官方组织针对相关主体在公司治理中出现的问题，所给予的建议和经验的汇总。正因为有此现实基础作铺垫，治理准则的推广并不用政府强制力的介入，且很多准则也都是处于探索和调整期，需要在不断的实践中改进。于是无论是德国的《上市公司治理准则》、新加坡的《上市指南与最佳做法准则》、韩国的《公司治理最佳做法准则》，都只是推荐自认为的最佳公司治理模式，其本身并不排斥公司采用其他可替代或者更好的公司治理方法，故而准则本身不具有强制

---

〔1〕 参见陈颖健："事实公众公司制度研究"，载《证券市场导报》2016年第4期。
〔2〕 本部分简称《治理准则》。

性效力。所以域外的公司治理准则本身并不是一部法规，但却对公司治理实践具有前瞻性的指导意义。

二、对《治理准则》实践指导意义的反思

原《治理准则》共设置了导言、股东与股东大会、控股股东与上市公司、董事与董事会、监事与监事会、绩效评价与激励约束机制、利益相关者、信息披露与透明度、附则九个部分。《治理准则》较为完整地阐明了我国上市公司治理的基本原则、投资者权利保护的实现方式，以及上市公司董事、监事、经理等高级管理人员所应当遵循的基本的行为准则和职业道德等内容。为推动上市公司建立和完善现代企业制度，规范上市公司运作，促进我国证券市场健康发展指明了方向。[1]

但自 2004 年《国务院关于推进资本市场改革开放和稳定发展的若干意见》发布以来，我国资本市场开始了包括股权分置改革、提高上市公司质量、大力发展机构投资者、改革股票发行制度等在内的长达十几年的一系列改革。在资本市场发生深刻变化的同时，《治理准则》并未能同步演变，并愈发地与现有相关制度规定产生冲突。在公司与股东关系方面，《公司法》第 16 条规定，经股东会或股东大会决定，公司可以为股东或实际控制人提供担保，但《治理准则》却禁止公司为股东及其关联方提供担保；《公司法》第 105 条规定了股东大会选举董事、监事，可以按照公司章程规定或股东大会决定，实行累积投票制，但根据《治理准则》规定，股东大会在董事选举中应当采用累积投票制。控股股东控股比例在 30% 以上的上市公司，也应当采用累积投票制。其次，《治理准则》也未能将上位规定在操作层面予以细化，有关公司治理的规定相较于公司法、证券法等上位法规定，未能具体化，可操作性上有所不足。例如董事、监事、高管的勤勉忠实义务，信息披露的真实、准确、完整要求等，均未作具体阐述。[2]

---

〔1〕　参见《关于发布〈上市公司治理准则〉的通知》，国务院公报 2003 年第 3 号。

〔2〕　参见张先吉："完善公司治理是提升上市公司质量的必由之路"，载《经济体制改革》2003 年第 5 期。

　　为进一步完善上市公司治理、规范上市公司运作，证监会于 2018 年修订了《治理准则》。新准则在保留旧准则主要规范的基础上，对部分条款作了调整优化，在内容上增加了中国特色公司治理新要求；强化了中小投资者合法权益保护；借鉴国际经验，增加机构投资者及中介机构参与公司治理的有关规定，强化董事会审计委员会的职责；结合实践发展，在规范上市公司控制权变动中公司治理相关问题、增强上市公司透明度、强化独立董事职权、健全董监高评价与激励机制等方面，作出了新的规范。

三、对《治理准则》的借鉴与改进

　　针对《治理准则》在制定和实践中存在的问题，在非上市公众公司治理指引的制定上，需要在目标与定位、内容与结构、实施机制等方面加以借鉴并改进。

（一）明确治理指引的总体定位和目标

　　非上市公众公司治理指引总体定位为全国股转系统在自律管理权限下，在法律位阶之外、在法律的最低要求之上，提出标准更高、更贴合监管实际并呈动态变化着的治理要求，为挂牌公司树立一种最佳治理实践。通过制定这样一种适宜且被普遍遵守的监管标准和指导原则，提倡在市场内树立最佳的公司治理模式，使之成为虽不具有强制约束力，但可以为挂牌公司所重视和遵守，并成为非上市公众公司稳健经营保障的自律管理规定。

　　针对法律层级缺乏对非上市公众公司的规定，以及在现有规则框架下难以对公众性各异的挂牌公司治理予以个性化规范的实际，非上市公众公司治理指引的出台，可以弥补法律规定的空白，凸显自律管理的灵活性和指引性。作为一种建议性和倡导性的文件，同时也是公司治理的最佳实践，治理指引不具有法律上的约束力，仅作为一种自律管理规范存在。也就是说，这些法律之外的规范，是教会挂牌公司可持续发展的生存之道，而非给其发展带上镣铐。挂牌公司可以根据自身实际，选择最适合他们自身的最佳做法，自主决定是否按照治理指引来完善公司治理机制。

（二）突出内容上的具体化与结构上的层次化

针对《治理准则》在内容上与其他法律规范重复较多，对于上位法的原则性规定未能在准则中细化的问题在非上市公众公司治理指引的制定上，一方面是增强指引的针对性和指导性，使之能够直接作为指导文件援用，并对上位规则中的原则性规定予以阐释。例如在美国法律研究院制定的《公司治理原则：分析与建议》中，其对于所推荐的相关公司治理实践都附有评注，以助于更加具体、准确地理解条文的要求。另一方面，《治理准则》除了导言和附则共有七章内容，扁平化的规则结构背后反映出指引层次的单一化。反观境外实践，美国《公司治理原则：分析与建议》在结构层次上较为多样，包含了模范法、程序性规则、建议自愿遵守的规则；英国《上市公司治理准则》将准则分为原则和具体规则；德国《公司治理准则》则分为现行法律规范重述、应遵行的建议和可遵行的建议。为了彰显治理指引的指导性，为非上市公众公司建立良好的公司治理示范，建议将现行规定中有关非上市公众公司治理的规范整合，并参照德国模式和美国模式，将治理指引在结构上分为法律规范重述、公司治理实践指南和相关附注。第一层次是对现有关于非上市公众公司治理的相关法律、法规、规章、全国股转系统制定的规则的重述，以促进上述规范能更好地指导非上市公众公司及其董事、监事、其他高级管理人员的行为；第二层次多为体现"软法"性质的具体规则条文，也就是法律之外的要求；第三层次是对上述两层次指引的说明和解释。采用上述三分法的结构层次安排，可以将分散的规范集中，给非上市公众公司树立一个最佳治理的典范，内容的针对性和明晰性也将有利于治理指引成效的发挥。

（三）贯彻"遵守或者解释"的实施方式

目前对于挂牌公司治理的监管，集中在对公司治理及改进情况的信息披露要求上，而较少从治理标准上对挂牌公司进行细化规范。虽然从治理成本上考虑，此种监管模式与挂牌公司较弱的公众性一致，但不可否认的是，如果对于公司治理的监管仅止步于对公司治理情况进行披露和对公司治理机制进行评估这两方面要求的话，则容易出现披露的"同质化"。在这样一种同质化的背后，并非公司治理水平的普遍提升，而是一种"报喜不报忧"。投资者不仅无法从公司对于治理情况的信息披露中获得有效的信息，更无法对公司施加不断提升治理水平的压力。[1]

针对上述问题，为了在公司治理的灵活性和规范性上取得平衡，可以在对挂牌公司治理监管中引入"遵守或者解释"原则。"遵守或者解释"这一公司治理准则的具体实施方式和原则确立于英国《公司治理联合准则》中，即公司需要按照治理准则的要求完善本公司治理机制，若未能遵守某项条款，那么需解释未能遵守的原因。该准则相当于公司治理的最佳实践，旨在给予公司根据自身特征"量身定制"治理规则的空间，如果投资者不接受公司对于不遵守准则的解释，其会用脚投票，形成市场制裁。英国金融报告委员会（Financial Reporting Council, FRC）后于 2012 年颁布了新的《上市公司治理准则》，该准则同样遵循"遵守或者解释"原则。伦敦交易所要求所有上市公司均需遵守这些准则，但准则本身并不否认存在其他同样效果良好的治理实践。只要上市公司认为其与准则相区别的治理方式同样可以达到"良治"的效果，并将不遵守准则的理由充分向投资者告知，便可以免于遵守准则的具体规定。同样采用"遵守或者解释"规则的还有德国《公司治理准则》，其最早于 2002 年由德国司法部组建的"公司治理规则政府委员会"颁布。通过对现有法律规范的整合以及法律空白的填补，在内容上吸收了分散于各法律规范中有关公司治理的条款。该准则整体上分为现行法律规范重述、应遵行的建议和可遵行的建议。[2]前者是将现行法律规范中有关公司治理的规定照搬；应遵行的建议在表述上多用"应该"表示，公司可以自主决定是否采纳这些建议，但需要每年对这些建议的遵守和采纳情况向社会公示；可遵行的建议多采用"可以"的表述，公司可以不加以披露地采纳或不采纳。[3]可以说，这种包含了软硬法条款的规则制定模式，可以让相关主

---

〔1〕 参见曾斌、时晋："家族企业、公众化与公司治理——以深交所家族上市公司为例"，载谢庚、徐明主编：《多层次资本市场研究》，中国金融出版社 2019 年版，第 85 页。

〔2〕 参见杨滏："上市公司差异化信息披露研究"，西南政法大学 2015 年博士学位论文。

〔3〕 参见胡晓静："实践《公司治理规则》的法律途径——论修订后的《德国股份法》第 161 条"，载《当代法学》2005 年第 4 期。

体对于公司治理规则有一个较为明确的制度预期和指引效果，便于其掌握和遵守。

综观域外各国公司治理准则，在实施方式上，大部分国家在准则中都确立了"自愿披露+市场压力"的机制，以及"遵守或者解释"的原则。[1]美国商业圆桌会议在《公司治理准则》中就认为，美国的公司治理制度之所以有效，是因为在公司治理的最低要求之上，允许公司发展最适合自身的最佳公司治理做法。即使是在经济环境最困难的背景下，公司仍有权根据条件的变化探寻、发展自身的公司治理方式。[2]在"自愿披露+市场压力"下，公司是否披露、披露的程度如何都由公司自主决定，充分尊重了公司的自主经营权。但是这种较为自主和任意的实施方式，也蕴藏着诸多弊端。如果一项公司治理准则完全依靠自发遵守而不附加任何强制力，其毫无疑问只会被正直善良的人遵守，而为心怀不轨的人所忽视。[3]而这恰恰是治理准则需要通过"遵守或者解释"原则施加影响的方面。其一方面可以保障公司对于治理机制的主动遵守，避免自主披露的弊端；另一方面也可以发挥软法在公司治理中的灵活性和对上市公司的敦促作用。因此，建议将治理指引作为非上市公众公司挂牌及转让规则的附录，并在前述规则中对治理指引的实施方式作出规定，明确"遵守或者解释"的原则，要求挂牌非上市公众公司在每年的年报、半年报中披露本公司对于治理指引的遵守和执行情况，解释对于没有采纳和遵守治理指引中相关规定的原因，并对替代做法进行详细说明。

（四）重视传统文化在公司治理中的软约束

建立一种适合本国社会、经济、文化发展需要的公司治理模式，传统文化的作用不可小觑。在中国的企业组织中，虽然建立在人与人相互信赖基础上的"人格关系"是企业组织的重要方式。但一部分人试图在企业组织中去

---

〔1〕 参见邓小梅："经济领域中的软法规律性初探"，载《武汉大学学报（哲学社会科学版）》2011年第6期。

〔2〕 See Business Roundtable, "Principles of Corporate Governance", August 2016, https://s3.amazonaws.com/brt.org/Principles-of-Corporate-Governance-2016.pdf.

〔3〕 参见林益："《上市公司治理准则》的软法化研究"，厦门大学2014年硕士学位论文。

争夺、合谋分享一定的权力，并最终导致了权力往往集中在个别人和个别团体手中，且带有独断的特点。企业在整体上也呈现出一种在个人或个别团体掌控下分工协作的局面。掌权者在关系主义和个人利益本位下，喜好利用权力为己方谋利，使之成为孕育特别利益的摇篮。由于长期缺乏关于权力约束和责任承担规定的制约，权力享有者通常不会产生自觉的信赖和对公司的忠诚心，个人对契约、体制和权力也有很大的不信任感。在此基础上建立起来的企业组织，很难形成寄托于"义"的和谐导向型的合作与协调关系。[1]公司治理的本质目的并非单单为了制衡，而是为了实现科学、准确的决策。因此，必须正视我国传统文化及外部环境和理想董事会文化间存在的冲突，以及传统文化对完善公司法人治理、规范董事会顺畅运作具有的长期且深刻的影响，[2]把完善非上市公众公司治理的制度性安排作为硬约束，将营造出完善公司治理、保障董事会顺畅运作的环境氛围作为软支撑。只有这两方面有机融合，相辅相成，才能推动非上市公众公司治理实现跨越式发展。

---

〔1〕 参见孙丽：《公司治理结构的国际比较：日本启示》，社会科学文献出版社 2008 年版，第189~192 页。

〔2〕 参见陈栋梁："别让公司治理脱离传统文化"，载《董事会》2013 年第 2 期。

第七章

治理规范的衡平机制：非上市公众公司
治理机制的塑造

第一节　公司治理的基本范式：分权制衡

随着现代企业制度的建立，旨在通过对企业所有者、管理者、监督者之间的权责利关系进行规范，从而解决不同利益主体间的利益与风险分摊问题的法人治理结构成为关注的重点。[1]分权制衡是公司治理的基本范式，也是现代法人治理结构的基本特征。分权要求法人机关各司其职，不得非法干预其他机关职权；制衡则意在通过各法人机关权利义务的设置，形成各部门之间的制约关系以求平衡之目的。从某种意义上而言，公司可以看作是现代国家的一个缩影。

一、股东大会[2]是意思表示的决策机关

与自然人以自由意志和独立思维能力为基础的行为能力不同，公司作为一种法律拟制主体，其经营管理活动无法通过自我行动去实施，而需借助法人机关去实现自身的利益诉求。在公司治理结构中，股东大会是意思表示的决策机关，董事会是决策执行机关，监事会是决策执行的监督机关，三者共同构成基本的法人治理机构。各方相互独立、恪尽职守又互相制约，在权力

---

〔1〕　参见赵万一主编：《公司治理的法律设计与制度创新》，法律出版社 2015 年版，第 157~158 页。
〔2〕　此处不再区分股东会和股东大会，统一以股东大会来指代。

的有效分配和制衡下求得法人治理结构的高效运作。股东是公司的出资人，对于公司资产具有准物权的属性。由股东组成的股东大会是公司的最高权力机关，在其职权范围内形成意思表示并对外彰显。至于公司意志的执行，并不由股东大会负责。尽管股东大会可以行使公司的一切权利，但直接参与公司日常经营管理的不可能是所有股东，让股东大会来承担公司的日常经营管理工作显然是不现实、不适当的。[1] 且随着竞争加剧，日常经营逐渐向复杂化、专业化方向发展，股东自身专业素养无法满足公司发展的需要。所以此时，由股东让渡部分经营管理职权给他们所信任的管理人员来决策、执行公司的日常经营管理事务就成为董事会产生的历史根源。

二、董事会专司日常经营的决策和执行

董事会是公司日常经营的决策和执行机关，对内对股东大会负责，其成员对公司负有信义义务；对外代表股东利益，以公司名义开展生产经营活动。但董事会作为公司法人机关，无法对公司所有经营管理事务全盘包揽，所以为了更好地提升公司运营效率，董事会将自身职责和权力分离出一部分交由董事会之外的职业经理人来完成。于是从股东到经理人的整个委托代理链条就变为董事会接受股东委托，为实现后者利益最大化而行事，并授权经理人开展公司经营活动。不过董事会和职业经理人并非皆是公司资产的所有者，他们与股东之间也存在利益上的分歧。为了防止董事会和经理人的自利行为，股东大会选举出监事会来监督董事会和经理人的经营管理行为。

三、监事会是对股东监督能力欠缺的一种弥补和替代

在公司法人治理结构中，各参与方根据对投入和收益的预先评估来决定要多大程度参与到公司的日常经营中去。对于大部分股东，特别是中小股东而言，无法亲自参与处理公司的日常经营事务，也很难在成本与收益失衡的

---

[1] 参见梅慎实：《现代公司治理结构规范运作论》（修订版），中国法制出版社 2002 年版，第433 页。

情况下，去自发地对公司经营管理进行监督。在股东普遍的理性冷漠下，监事会作为专司监督职能的法人机关，对董事和高管的业务执行情况、公司财务情况等一切公司重大事务进行监督，成为股东监督能力欠缺的一种弥补和替代。

这种关于公司权力的分配和制约安排是一种理想化的公司治理模式，但在实践中，公司实际的权力版图与理想的治理模式往往存在差距，甚至是不小的差距。受制于特定的经济、社会、法律环境以及文化传统，公司治理模式的国别差异客观存在。我国在建立现代企业制度的过程中，在自身经济发展水平和社会环境的孕育下，逐渐形成了具有中国特色的治理风格。与此同时，各国经济发展的协同性和组织形式的趋同性随着世界社会经济一体化进程的加快而愈发强烈。任何一种成熟且适当的公司治理模式都会成为他国制度效仿的对象，这也使得各国就公司治理的交流和借鉴成为必要和可能。[1]从近些年各国公司治理模式的演变可以看出，无论是英美法系还是大陆法系，在治理模式上都逐渐走上趋同化的道路。对于公司治理模式的选择，我们无法简单照搬他国成功的治理实践，但适当借鉴是十分必要的。真正有效的公司治理，一定是与我国现阶段实际相契合的产物，所以对于"他山之石"移植，必须满足我国国情的要求。在功能趋同的背景下，即使体制和具体规则存在不同，如果在与国情的匹配和适应性上存在很好的契合，也能够对现有制度起到一定的修补作用。[2]

第二节 非上市公众公司内部治理机制的优化

对公司控制权进行合理配置，在股东、董事会、管理层之间形成互相制衡的机制是公司治理结构的重点，也是完善内部治理机制的着眼点。在现代公司治理模式下，股东通常不直接参与公司的运营决策，而是通过股东大会

---

[1] 参见赵万一主编：《公司治理的法律设计与制度创新》，法律出版社 2015 年版，序言第 3 页。
[2] 参见 [美] 杰弗里·N. 戈登、马克·J. 罗编：《公司治理：趋同与存续》，赵玲、刘凯译，北京大学出版社 2006 年版，第 6 页。

选举的董事会，以及董事会选聘的管理层来实现对公司的经营与管理。但我国非上市公众公司大多公众性较弱，大股东在董事会中任职并身兼经理人的情况非常普遍。基于其特殊的股权结构和控制权模式，有必要针对其治理现状进一步优化内部治理结构，构建适合其发展与规范的内部治理机制，以遏制大股东滥用控制地位，并实现对中小股东利益的合理维护。

一、实行董事长与总经理两职分离

董事会和经理人是设计、执行经营方案的公司产权具体行使主体，对外代表公司，对内进行实际决策和指挥。作为公司治理的中枢系统，他们在公司日常运行中的行为关系到公司的运作效率和经营效益。从此意义上而言，公司权力来自董事会及所授权的经理层。[1]具体来看，董事会是现代企业内部治理结构的核心，代表股东对公司经营行为进行监督管理，是股东信任的"托管机构"。其拥有包括制定公司战略规划、选聘和监督经理人、协调各方关系等职权，并以实现股东利益最大化为目标。[2]为了确保上述功能的实现，董事会在具体设置上必须充分考虑企业规模、行业属性、市场环境、法律和政治环境等内外部因素，因地制宜地根据股东利益代表性和董事会成员知识结构全面设置最优的董事会规模，避免出现寡头决策或者运行成本上升的弊端。以此为指导，各国的实践逐步形成了不同的董事会结构。例如德国的董事会和监事会双重治理结构、日本的内部人主导董事会结构和美国的内外部董事混合的治理结构。

但在我国，与防止董事会过分独立而对公司和股东利益产生消极影响相比，大股东对于董事会的过度控制，使得中小股东利益在丧失独立性的董事会运作下岌岌可危。实践中，大部分非上市公众公司的股权集中度都较高，大股东亲自或委派他人组建由其实质控制的董事会十分常见，董事会的组成

---

〔1〕 参见梅慎实：《现代公司机关权力构造论》（修订本），中国政法大学出版社2000年版，第31页。

〔2〕 参见于东智："董事会、公司治理与绩效——对中国上市公司的经验分析"，载《中国社会科学》2003年第3期。

和决策受大股东控制的情况较为严重，形式化倾向的非上市公众公司董事会若不加以改善势必会影响董事会的权威性和效率性。[1]所以首先可以考虑实行董事长与总经理分权制。控制权表现为在公司董事会中的投票权，一般情况下是由持有公司股份最多的股东享有；经营权是直接管理、参与公司日常经营并作出决策的权力，由公司的直接经营管理者享有。当二者不是同一人时，产生控制权与经营权分离的现象，这在现代企业中的判断标准就是董事长和总经理是否由同一人兼任。[2]虽然现在尚无证据证明董事长、总经理两职合一与公司价值显著相关，但有学者通过实证研究后发现，相比于两职合一的模式，在两职分离的情况下，净资产收益率较高，说明此时股东获利能力较强，这也初步证明了两职分离可以有效控制大股东对中小股东的剥削。[3]

二、完善董事会成员的选任与构成

良好的公司治理应具有促使董事会与经理层以符合公司与全体股东最大利益的方式达成营运目标的正当诱因，并协助企业管理结构之转型，以及提供有效的监督机制。[4]尽管《公司法》规定股份公司在董事会的选举上可采用累积投票制，但由于公司分类的二分法与证券监管需要之间未能有效衔接，法律层面未对非上市公众公司的职工董事人数、独立董事设置、累积投票制等进行强制性规定。在 2020 年《挂牌公司治理规则》发布之前，也仅在《非上市公众公司监管指引第 3 号——章程必备条款》中规定，对于如实行累积投票制的，如建立独立董事制度的，应当在章程中对相关具体安排作出明确规定。但长期以来，非上市公众公司大股东与董事会、经理层人员同质化是一个普遍现象，身兼多重身份的大股东没有动力去制衡自身的权力，

〔1〕　参见万国华、王玲："中国 OTC 治理缺位"，载《董事会》2011 年第 1 期。

〔2〕　参见苏启林：《家族控制、私募股权投资介入与民营上市公司治理》，经济科学出版社 2013 年版，第 146~147 页。

〔3〕　参见苏启林：《家族控制、私募股权投资介入与民营上市公司治理》，经济科学出版社 2013 年版，第 155 页。

〔4〕　参见李启贤："公司治理与内部控制"，载《中国内部审计》2014 年第 4 期。

这对于部分公众性微弱的挂牌公司尚具有合理性，但对于小部分具有一定公众性的挂牌公司而言，中小股东的利益无疑处于"裸泳"的状态。[1]

董事会是一个多方利益博弈的平台，作为公司运营的中枢，其体现了不同投资主体的利益诉求，这些不同利益方的同时存在客观上实现了公司治理的内部制衡，并进而达到了一种较为理想的治理状态，即为了全体股东和公司利益的最大化而行事。所以对于公众性较强的上市公司来说，为了更多地偏向自身利益，各相关主体往往想要争得表决权占优来打破一种平衡，披露或未披露出的控制权之争、收购与反收购成为公司运营中的一股暗流。回到非上市公众公司的董事会构成，其更应强调董事会的独立性和经营决策的有效性，以及对于经理人的监督，防止出现董事会过度受控于表决权占绝对优势的大股东，抑或内部人控制下的经理人谋私的情况。所以其一方面是改变上文提到的董事会和经理层人员的同质化现状，另一方面鼓励引入职工董事并发挥其应有作用。

三、在公司治理中引进独立董事制度

我国独立董事制度并非自发形成，而是在借鉴英美法系独立董事制度的基础上，在股份公司发展到一定阶段后，出于改善上市公司经营管理需要，在证券行业监管机关的主导下，从境外移植并本土化的产物。独立董事的制度设计同时解决两个问题：股东和经理人之间的"代理成本"问题以及控股股东与中小股东对于公司收益的"分配公平"问题。对于英美法系国家而言，在一元制公司治理的基础上演进而来的独立董事制度，核心在于解决公司控制权由股东会中心主义向董事会中心主义转变过程中产生的股东与经理人之间的代理成本问题，但这并非我国独立董事制度赖以生存的根基。与之相比，我国独立董事制度更意在解决股权结构高度集中化下的控股股东与中小股东之间对于公司利益的分配公平，而这恰巧也是非上市公众公司治理中不可回避的一个方面。

---

〔1〕 参见欧达婧："非上市公众公司治理结构探析"，载《现代管理科学》2019 年第 12 期。

实践中，非上市公众公司的管理权和风险负担分离程度较低，[1]大多数挂牌公司人合性显著，出于彼此信赖和监督成本的考虑，挂牌公司在治理机制的设定上并未构建有效的监督董事会运作的外部机制，相应的董事会自我评估机制也较为形式化。但随着新三板改革的深入，市场内部开始分层，公众性不同的各层级的进入门槛、交易规则、监管重点等都有所不同。笔者建议，在分层管理下，考虑公司治理的成本以及公众性各异的实际，可以针对内部治理规范存在重大瑕疵的挂牌公司，以及创新层公司要求设立独立董事制度，赋予独立董事的实体性和程序性职权，来重点审查公司与关联方之间的交易是否符合公平交易原则，并运用其职权来对大股东潜在控制下的董事会和经理人在经营决策上的不当共谋行为进行监察。纳斯达克（NASDAQ）对于挂牌公司就要求引进非业内董事，且至少包括一名"公众利益董事"，该董事由监管部门或行业协会委派以寻求董事会组成在专业性基础上的独立性。[2]在此过程中，适当的信息披露尤为重要。围绕着上述实体审查，规则应当考虑为独立董事和监事增设公开声明的权利和义务，提请广大投资者注意公司存在相关风险，以保证投资者可以根据公开的信息作出理性的决策。

四、增加强制性的会计监察人制度

我国《公司法》第169条创设了会计监察制度，根据该条规定，公司章程可以将聘任和解聘会计师事务所的决定权交由股东大会或是董事会行使。可以看出，虽然会计监察并非公司组织机构的一部分，但其俨然已作为法律规定的、具有法人机关性质的公司治理组织出现。与会计监察制度相似的还有监事会对于会计机构的聘任权。根据法律规定，监事会固然拥有临时聘请会计师事务所调查公司财务会计的权利，但其在专业性和外部性之外，不具有会计监察制度所特有的法定性和常设性。法国早在1867年就明确规定了

---

〔1〕　参见欧达婧："非上市公众公司治理结构探析"，载《现代管理科学》2019年第12期。

〔2〕　参见万国华、王玲："中国OTC治理缺位"，载《董事会》2011年第1期。

会计监察人制度，之后被日本所移植。[1]如果强制性的会计监察人制度得以在非上市公众公司中通过法律予以固定化，其毫无疑问将是对监事会监察的一种有效补充。[2]

五、强化控股股东的信义义务

公司的本质是一系列契约的联接，包括但不限于投资者之间的投资契约，股东与经营者之间的代理契约、公司与劳动者之间的劳动契约，以及公司作为销售者与购买者之间的买卖契约等。正因为此，公司作为诸多合同的连结点，其目标应当考虑内外部不同主体的利益诉求，并关注经营活动所可能引发的各类社会问题。[3]同时，公司的责任具有多元性。不仅作为商事主体的公司需要承担这样一种社会责任，在以哈佛大学 Dodd 教授为代表的学者看来，那些控制着商事活动的经营者也应该按照这种要求对社会承担责任。[4]这里的社会责任具有宽泛的外延，包括了对雇员的责任、对消费者的责任、对供应商的责任、对政府与社区的责任，还有就是对投资人的责任，当然也就包括了对中小股东的责任。[5]中小股东基于其个人利益本位，通过处分股权、收取孳息等方式来追求个人利益的最大化，对公司而言并无诚信义务的负担。但控股股东作为公司的最大股东，其对公司经营管理的控制天然具有一种风险，即以自身利益为出发点的多数股东、控制集团或单一大股东会以不合理的方式运营公司，通过表决权的实施排除中小股东的意志，并对公司日常经营产生决定性影响。所以从此意义上来说，控股股东应当本着

---

〔1〕 参见 [法] 伊夫·居荣：《法国商法》（第1卷），罗结珍、赵海峰译，法律出版社2004年版，第396页。

〔2〕 参见王保树："非上市公司的公司治理实践：现状与期待——公司治理问卷调查分析"，载《当代法学》2008年第4期。

〔3〕 See Michael C. Jensen, William H. Meckling, "Theory of the Firm: Managerial Behavior, Agency Costs, and Ownership Structure", *Journal of Financial Economics*, Vol. 3, 1976.

〔4〕 See Dodd E. M. , "For Whom Are Corporate Managers Trustees", *Harvard Law Review*, Vol. 45, 1932.

〔5〕 See Clarkson. Max B. E. , "A Stakeholder Framework for Analyzing and Evaluating Corporate Social Performance", *The Academy of Management*, Vol. 20, 1995.

忠实、善良、诚信的要求对中小股东承担信义义务，预防和避免对中小股东切身利益的不当侵蚀。

第三节 推动非上市公众公司治理的外部配套制度完善

一、非上市公众公司外部治理关注的三类主体

有关公司治理的研究表明，良好的外部治理制度安排是健全公司治理结构的重要一环。在其所涉及的债权人、机构投资者、中介机构、自律组织、雇员、供应商、政府等诸多利益相关者中，非上市公众公司应重点关注区别于上市公司的外部治理要素。在笔者看来，可以围绕着政府、机构投资者、中介机构进行非上市公众公司外部治理的制度构建。

首先，政府作为非上市公众公司全过程的直接管理者，有足够动力去监督非上市公众公司运行和发展。除了证券监管机构对非上市公众公司的行政监管和全国股转系统的自律监管外，地方政府对于本地非上市公众公司的指导和监督也是重要的一环，不仅由于非上市公众公司作为地方财税的重要来源和政府政绩，其在劳动力吸纳、维护社会稳定上的效用也会促使政府去持续关注，并运用经济、法律和政策等诸多手段去调节所有者、管理者、劳动者之间的矛盾和冲突。另一方面，正因为非上市公众公司能给地方形象带来如此多的正效应，地方政府是否会站在一个公平、公正的立场去监管和执法是我们应该考虑的。

其次，在股权结构改善和多样化投资主体的引入上，就投资者结构来说，机构投资者是绝对的主力投资者，其所持有的股份比例往往能对目标企业产生重要影响。所以他们有动力去运用投票权对管理层施加压力，甚至通过代理权竞争来接管、罢免管理层，以实现对于公司治理的参与并解决代理问题，而非"搭便车"地去分享其他股东监督管理层的收益。此外，若想达到对外部治理有效性的强化，减少股东和管理层的信息不对称，提高公司的透明度是一个重要方面。投资者可以据此了解公司的财务状况、经营业绩并

进而作出合理的投资决策。但管理层编制的报告、文件要想取得投资者的认可，中介机构的专业意见必不可少。在此情形下，中介机构能否充分履行诚信义务和发挥专业水平就成为关键所在。

二、坚持对非上市公众公司治理的适度监管

以非上市公众公司为市场主体的全国股转系统是我国资本市场改革创新的试验田，从近年发展来看，诸多创新成果率先在此实施。特别是在简化核准程序、豁免部分核准事项的行政许可安排上，在竞价交易机制、做市商交易机制与协议交易机制的并用上，在市场分层及与交易所市场的对接上等，都契合了监管转型背景下放松管制，同时加大对挂牌公司事中和事后监管的趋势。在对非上市公众公司的整体监管基调上，无论是从公司自治到以中介机构为抓手的市场化约束机制的建立，抑或是从自律准入监管到持续监管的监管实践，在制度规则层面上弱化行政监管的趋向已经确定，所以在对挂牌公司的持续监管中也应确立适度监管原则。适度监管就是要明确证监会对非上市公众公司监管的责任和边界，在治理规范上合理配置强制性规范和任意性规范的数量，在充分尊重公司自治和市场自我修复的前提下，对挂牌公司进行持续监管。将行政监管作为自律监管的延伸，根据自律监管发现的线索，启动行政监管事中事后查处程序，以节约监管资源，促进各市场参与主体归位尽责。

三、建立三位一体的央地监管协作机制

根据法律规定，证监会是经授权的对非上市公众公司履行监管职能的机构。但考虑到非上市公众公司数量众多、来源多样且以符合投资者适当性要求的机构投资者为主的特点，虽然肩负着监督证券市场秩序的职责，证监会事实上不可能、也不被允许始终站在监管第一线，事无巨细地将监管触角深入到市场的每一角落。西方国家在证券监管上大多采用了中央和地方、自律和他律相结合的模式，我国以证监会为核心的统一监管体制反映到非上市公众公司上，必然要更多依靠自律管理机构发挥其应有作用。从目前实践来

看，地方政府是最贴近市场和挂牌公司的监管主体，更容易及时掌握挂牌公司及市场的动态，也便于持续跟踪挂牌公司情况并给予指导和监督。其可以在第一时间发现挂牌公司情况的变化，在监管效果上对本地企业有着较强的约束力。除此之外，地方政府还掌握了企业大量且具体的信息，在监管成本上具有无可比拟的优势。不过与吸引外资的道理一样，由企业挂牌、上市所带来的资源流入对于解决民生问题、发展地方经济、改善地方形象都是有百益而无一害的，这最终必将给地方政府带来利益，[1]故而其存在为了实现其自身的财政目标而疏于或懈怠监管的可能。出于对可能被占有信息优势的地方政府所蒙蔽或误导的顾虑，证监会可依赖自己的派出机构去获取信息，但派出机构与地方政府间的密切关系可能会影响监管的有效性。[2]另外，地方政府仅需要就拟挂牌、上市企业的发展做谋划，并不需要对证券市场的整体发展负责。相应地，在多层次资本市场监管权的配置上就缺乏整体考量。因此，非上市公众公司需建立"证监会—全国股转系统—地方政府"三位一体的监管模式，充分借助自律组织和地方政府的力量，发挥对非上市公众公司的指导和监督作用。

四、完善对违法违规治理的举报程序[3]

根据修订后的《信访工作条例》和《证券期货违法违规行为举报工作暂行规定》（以下简称《证券违法行为举报规定》），涉及有关单位或个人的违法违规证券活动不再属于信访事项，而是归入举报事项交由证监会处理。细观《证券违法行为举报规定》，举报奖励以列举式的方式，将违法违规行为限定为欺诈发行证券、信息披露违法、操纵证券或期货市场、内幕交易或利用未公开信息交易、其他重大证券期货违法行为这五类情形。虽然以

---

〔1〕　参见夏立军、方轶强："政府控制、治理环境与公司价值——来自中国证券市场的经验证据"，载《经济研究》2005 年第 5 期。

〔2〕　参见彭冰："中央和地方关系中的上市公司治理"，载《北京大学学报（哲学社会科学版）》2008 年第 6 期。

〔3〕　关于违法违规治理的举报程序的讨论，详见第十一章"私人参与：非上市公众公司治理中的有奖举报"。

信息披露监管为代表的透明度原则是非上市公众公司治理的一个重要方面，但相对于现有公司治理中出现的众多弊病，绝大多数在非上市公众公司治理中出现的违法违规行为依然无法适用《证券违法行为举报规定》的相关条款，这显然无法满足实际需要。所以针对非上市公众公司治理中出现的问题，建议制定针对非上市公众公司治理中违法违规行为的举报、查处和答复工作制度，扩大接受举报的违法违规行为范围和受理主体，明确举报线索甄别、处置、答复和申诉工作流程，并向社会公开。保证举报查处工作的规范性和公开性，防范监管机关不作为的风险。

五、推动符合条件的公司在多层次资本市场挂牌

根据《监督管理办法》和相关指引、问答的要求，对于符合条件的股东人数超过 200 人的非上市股份公司，鼓励地方政府推动公司进行确权等规范股权工作，争取尽早在全国股转系统公开挂牌转让。通过场内外市场的有效对接，彻底解决历史遗留问题，为公司发展赢得机遇。对于暂不符合全国股转系统挂牌条件的历史遗留的公众公司，为了方便投资者股东权行使和公司的规范治理，建议在全国股转系统市场分层管理下设置专门板块，为这类有挂牌需求的历史遗留问题公司提供信息披露和股权交易的平台，为投资者提供合法合规的退出渠道。针对此专门板块，实行与现有非上市公众公司股份转让市场相差异的管理制度。借助市场的逐步培育和公司的自我完善，为全国股转系统蓄积更多的挂牌资源。

六、释放机构投资者参与公司治理的红利

在我国，非上市公众公司治理的一个突出问题就是资本约束不到位，在较为集中的股权结构和内部人控制下，形成一个完善的公司内部制衡体系缺乏实施基础。就外部监督看来，与分散的社会公众股东相比，机构投资者无论是在参与公司治理的意愿还是能力上都是最佳的公司治理主体。全国股转系统较低的流动性，迫使机构投资者长期持有股票，产生套牢效应。当参与公司治理所获收益大于其沉默成本时，他们会借助表决机制直接参与公司决

策，将公司治理问题传递给作为管理层的大股东，并运用其在以往公司治理中累计的最佳做法和专业知识，移植和作用到所投资的非上市公众公司中去。这种经验分享的做法在减少个别投资者参与公司治理成本及增加总体和长远利益的同时，提高了非上市公众公司的治理水平，客观上也有利于对同样处于弱势地位的中小自然人投资者的保护。在大力发展机构投资者之余，还应鼓励其参与公司治理并建立定期披露制度。以英美两国为例，其要求机构投资者将参与公司治理的情况记录在案，包括是否参加股东会、是否提出议案、对决议的表决及理由等，并定期向市场公布，使广大中小投资者"搭便车"地了解和分享机构投资者参与公司治理的成果。

七、敦促中介机构归位尽责地进行持续督导[1]

按照市场化方式和责任权利一致原则，非上市公众公司挂牌实行主办券商制。主办券商以营利为目的推荐企业挂牌，以提升企业价值为目的提供持续督导和服务。[2]在此过程中，主办券商的持续督导是公司治理水平提高的重要方面。主办券商在推荐企业挂牌的过程中承担了尽职调查职责，在企业挂牌期间履行督促挂牌公司诚实守信、依法依规进行信息披露、完善公司治理等持续督导责任。从主办券商的职能与责任出发，在非上市公众公司治理中，强化主办券商对挂牌公司在信息披露、内部控制、三会运作、投资者保护等公司治理问题上的持续督导是十分必要的。在对引发非上市公众公司信息披露问题的公司治理行为进行现场检查时，还应延展地检查相关中介机构的工作底稿，对上述机构的勤勉尽责进行审查，并在必要时采取监管措施。此外，还应当给予专业水准较高、持续督导义务较好的中介机构以一定的政策支持，提高其参与挂牌公司治理的积极性；同时限制劣质中介机构的从业范围，加大对其涉及证券市场违法违规行为的惩戒力度。

---

[1] 关于中介机构归位尽责，详见第十章"中介核查：'看门人'理论下公开发行中的把关责任"。

[2] 参见高国华："强化监管为市场'保驾护航'"，载《金融时报》2014年4月17日，第007版。

第八章

透明度原则：非上市公众公司治理中的信息披露

第一节　信息披露在非上市公众公司治理中的重要作用

一、信息披露体现了公司治理的市场化理念

　　随着新三板改革的不断深化，非上市公众公司数量在历经市场"狂热期"后回归理性，并呈现出稳中有升的缓慢增长之势，但几千家挂牌公司对监管资源本就相对有限的证券监管机构而言依然是较为严峻的挑战。包括非上市公众公司在内的非上市股份公司在运行中问题频发，既有诸如公司股东大会无法发挥作用这类公司内部治理问题，也有股份转让场所规范不明的外部制度保障问题，还有像变相公开发行公司股票、地下交易屡禁不止、投资者权益保护不周延等市场监管问题。上述问题的出现使得适合市场实际需要的监管措施的出台成为必须。对于非上市公众公司来说，如果按照与上市公司同一标准的监管要求，将会导致监管成本激增，在事实上也不可能，所以对于降低监管成本的考虑也将影响非上市公众公司的监管制度设计。从实际出发，出于对监管成本的考虑，不可能无限制地增加监管机构和监管任务，非上市公众公司整体上公开化程度不高的现状也不宜将上市公司的监管制度照搬照抄地移植。从监管资源的有效利用，以及政府监管转型的背景出发，可以考虑通过市场化的自律管理手段来实现对非上市公众公司的监管。反观美国的公司治理模式，其既不是由公司法来规制，也不借助股东力量来支撑，而是在这之外依靠资本市场本身及 SEC 一整套关于信息披露的规则框架

来构建。针对我国非上市公众公司规模不一、公众性各异，经营管理和治理结构千差万别的现状，一刀切式的硬性治理要求往往难以适应所有公司或者不同发展阶段的公司的客观需要。所以在满足投资者决策和证监会基本监管要求的前提下，尽量以弹性披露代替强制性要求，并辅之以分类管理、分层次监管的做法可能是现阶段我国非上市公众公司治理的应然选择。

二、公司治理与信息披露的互动关系

有效的公司治理机制需要一套有效的公司信息披露体系；而高质量的信息披露又有助于公司投资效率的提高，并进而作用于公司资本的社会最优配置。在客观、可靠、充分的信息披露下，股东和潜在的投资者可以对管理层的履职情况和成效作出评价，对投资决策作出判断，这将提升其参与公司治理的积极性。[1]可以见得，信息披露质量的优劣直接关系到公司治理的成败。适宜的信息披露制度不仅是公司治理功效发挥的前提，同样也是股东权利行使和投资者利益保护的关键。这是信息披露对于公司治理的积极作用。作为现代企业制度的精妙设计，公司治理与信息披露的互动与交融已逐渐成为二者存在和发展的主要方式。公司治理的好坏也同样影响着信息披露的质量。有研究发现，管理层持股比例、审计委员会的设置、董事长与总经理的合一性等都将对信息披露的透明度产生影响。正是由于通过公司治理安排对内部人的作用，降低了他们违规披露的可能性，[2]从而在内部治理框架上提高信息披露的动力和约束力。虽然信息披露是公司治理的外在表现形式，但不能仅仅单方面强调公司治理自治下的信息披露，市场各方主体都有参与公司治理的必要。在统一的治理目标和基本准则下，非上市公众公司治理应该更具包容性和多样性。在充分尊重公司自治的基础上，通过监管部门设定底线目标，鼓励公司根据自身实际，量身定制符合监管和发展需要的公司治理

---

〔1〕　参见黄立新等："监管转型背景下公司治理监管路径的现状、问题与对策"，载黄红元、徐明主编：《证券法苑》，法律出版社 2015 年版，第 290 页。

〔2〕　参见伊志宏等："产品市场竞争、公司治理与信息披露质量"，载《管理世界》2010 年第 1 期。

模式。[1]并以信息披露为重要抓手，使各利益相关方对经营管理层履行受托责任进行监督，促进包括政府、自律组织、中介机构、投资者、挂牌公司等市场主体归位尽责，[2]保护投资者利益不受损害。力争形成由单一主体负责，到市场各方主体共同参与，全方面、层次化的多维立体治理体系。

三、《萨班斯法案》关于公司治理改革的启示

对于非上市公众公司而言，其股东主要限定于成熟投资者，他们关注的是信息披露的真实、准确和完整。从域外实践看来，强化对于非上市公众公司治理中信息披露的监管，其效果往往更优于对公司提出其他方面的治理要求。实践表明，对公司治理的过高要求将不可避免地导致企业经营成本上升，进而致使资本市场的吸引力下降。美国《萨班斯法案》颁布后，申请停止继续公开的公司有显著增加之趋势，其中一个重要原因就是《萨班斯法案》在强化公司治理并改进财报品质上设有许多规定。在安然、世通丑闻后，《萨班斯法案》对公众公司包括财务和内控制度在内的公司治理提出了更高程度的要求。404（a）条款明确，所有的报告公司在以表格 10-k 形式提交的定期报告中需包含管理层对公司内控有效性的报告；而 404（b）条款则要求报告公司聘请审计机构对管理层就公司内控有效性的报告进行测试。这给中小规模公众公司带来了巨大的合规成本，由此衍生出较大的规范成本也使得大量中小规模公众公司选择了私有化。[3]批评者认为，法案中加强公司内控的一些规定过于严格，这些负担和成本对大公司而言或许可以承受，但对小公司而言则是不可承受之重。法案要求所有公开公司必须建立维持公司经营的内控制度，这本身就是一个宽泛的概念，不仅及于财务运作的内部控制，对企业经营中各类不同事项皆应设定并遵守相关内控要求。例如

---

[1] 参见庄心一："上市公司治理之嬗变趋势"，载《中国证券报》2014 年 11 月 1 日，第 A01 版。

[2] 参见黄立新等："监管转型背景下公司治理监管路径的现状、问题与对策"，载黄红元、徐明主编：《证券法苑》，法律出版社 2015 年版，第 290 页。

[3] 参见刘鹏等："美国公众公司监管制度及启示"，载《西南金融》2014 年第 4 期。

要求公众公司管理层评估和报告公司最近年度的财务报告的内部控制的有效性，要求公司的外部审计师对管理层的评估意见出具"证明"。这增大了企业（特别是小型企业）的审计成本，降低了其他国家企业到美国金融市场上市筹资的兴趣。为了有效监督高管义务的履行，《萨班斯法案》还要求律师于发现公司有欺诈情势时负有报告义务，同时强调会计师的独立性。这可能发生寒蝉效应，即公司经理人可能不愿承担商业风险。[1]

　　在《萨班斯法案》引起反弹后，SEC 又尝试以公司市值作为小公司的认定标准，在信息公开及内部控制等方面对小公司进行松绑。并规定针对在 SEC 登记且市值在 7500 万美元以下的中小企业，可在 2007 年后选择适用《萨班斯法案》，从而放松对法案原本规范的小公司的公司治理监管。在历经 SEC 多次推迟对 404（b）条款的适用后，2010 年《多德-弗兰克华尔街改革和消费者保护法案》落地。其在《萨班斯法案》的基础上增加了 404（c）条款，将 404（b）条款的公司审计义务限定为加速报告公司和大型加速报告公司，[2]并最终永久性免除了小型报告公司在《萨班斯法案》404（b）条款下的审计测试要求。此外，404（c）条款还要求 SEC 就市值在 7500 万美元至 2.5 万美元之间的公众公司适用 404（b）条款的合规成本进行研究。[3]随后，在 2012 年《创业企业振兴法案》（即 JOBS 法案）中，鼓励新兴成长型企业融资、放松金融监管要求的理念进一步强化，其中最为显著的改变是大幅度提高报告公司人数的门槛。对于新兴成长公司，还一并豁免了如薪酬支付、财务会计与审计、信息披露、证券注册、公开募售沟通等方面的规定。[4]可以看出，美国对于中小规模公众公司的治理要求也在随着实践的变

---

　　〔1〕　See Ginger Carroll, "Thinking Small: Adjusting Regulatory Burdens Incurred by Small Public Companies Seeking to Comply With the Sarbanes-Oxley Act", *Alabama Law Review*, Vol. 58, 2006. Paul Rose, "Balancing Public Market Benefits and Burdens for Smaller Companies Post Sarbanes-Oxley", *Willamette Law Review*, Vol. 41, 2005.

　　〔2〕　参见刘鹏等："美国公众公司监管制度及启示"，载《西南金融》2014 年第 4 期。

　　〔3〕　参见刘鹏等："美国公众公司监管制度及启示"，载《西南金融》2014 年第 4 期。

　　〔4〕　参见郭雳："创寻制度'乔布斯'（JOBS）红利——美国证券监管再平衡探析"，载《证券市场导报》2012 年第 5 期。

化进行不断调整，并从较为严厉趋向相对缓和。借鉴美国的做法，在非上市公众公司制度框架完善以前，在公司治理要求上应尽可能强化公司治理中的透明度原则，淡化其他方面的公司治理要求。[1] 以信息披露为核心的非上市公众公司治理要求的提出，无论是从市场运行、投资者权益保护，还是从完善挂牌公司治理的角度来看，都是证券市场最为重要的问题之一。这也印证了证券法自始蕴含的两个哲理：充分的信息公开和一整套标准化程序的制定。[2]

第二节　非上市公众公司信息披露的基础理论

一、信息披露是非上市公众公司监管的核心

资本市场吸引资本的能力取决于投资者对于市场健全性和透明度是否有信心。公众对于一国经济制度和资本市场的信任和信心，是经济增长和金融稳定的基本动力，所以通过诚实公允的市场为投资者提供决策所需的重要信息尤为重要，这也是资本市场效率、流动性和健全性的保证。就美国证券市场的整体监管制度而言，对向合格投资者发行、D 条例下的发行、私募发行的注册豁免以及对 144 规则下转售限制的态度缓和等都是基于提高资本市场运行效率的监管考虑。其基本理念是，当证券只向富有经验的老练投资者发行时，更为迅捷地利用资本市场所产生的收益，超过了以披露为基础的投资者保护所带来的收益。[3] 而对发行方式和手段的详细界定、信息披露要求、发行人责任等方面的规定又体现出对于公平价值的追求。但在效率与公平的价值平衡中，天平还是朝着效率的一边倾斜，[4] 这也与美国在证券监管的诸

---

〔1〕 参见孔翔、吴林祥："公众公司制度研究"，载深圳证券交易所综合研究所 2006 年研究报告（深证综研字第 0139 号）。

〔2〕 See M. Halloran, J. H. Halperin & H. H. Makens, "Blue Sky Laws: A Satellite Program", *Practicing Law Institute*, 1985, p. 14.

〔3〕 参见［英］艾利斯·费伦：《公司金融法律原理》，罗培新译，北京大学出版社 2012 年版，第 508 页。

〔4〕 参见郭雳、郭励弘："私募发行在美国证券市场中的重要地位"，载《首席财务官》2008 年第 4 期。

多领域所体现出的"放松监管"的立法理念相互印证。[1]那么就我国对非上市公众公司的监管来看，不应对投资者不加区分地进行大包大揽的全方位保护，而是应该尽可能地将买卖双方置于市场机制作用的天平的两边，通过信息披露要求来帮助投资者对发行人的融资项目进行了解和评估。

证券市场普遍存在信息不对称的问题，当投资者为普通大众、股权又以证券的形式分散化的时候，问题就更为突显。[2]对于非上市公众公司而言，信息不对称的情况较为突出，公司内部的"阴暗"和"细菌"散落在角落里，吞噬着投资者可能的可得利益。即便如此，非上市公众公司对一般合格投资者来说依然具有吸引力。只是这种吸引力或多或少地蒙上了一层缥缈的面纱，影响投资者投资决策的作出，而信息披露在此时就成为引导投资者做出投资决策的依据。如果通过建立恰当和适度的信息披露制度，使得与投资决策相关的公司信息可以被投资者及时获取，并使投资行为处于投资者"自我理性"的作用下以保障其合法权益的话，那么在这样的市场中，挂牌公司受到监管、有信息披露和公司治理的要求，对一般合格投资者的保护体系就能够建立。此外，对于机构投资者来说，规范、透明的市场运作环境对其更是大有裨益。目前PE在寻找投资项目的时候，在尽职调查上花费的时间较多。而一旦规范的市场监管制度建立起来后，公司只要想在市场挂牌，就必须在信息披露上满足一定的要求，出现虚假披露的情形就要承担责任，这可以为机构投资者省去很多前期调查的时间和精力。[3]再者，相对于上市公司而言，运行成本与效率是非上市公众公司在监管制度设计上更为强调的。因此，加强信息披露就成为与投资者利益保护相平衡的一个很有效的补救。信息披露制度的执行可以让更多潜在的投资者接触和了解公司，公司的知名度提高了，股份的流动性和获得更多资本参与的可能性就会增加，公司还可以

---

〔1〕　See Joseph Shade, "Financing Exploration: Requirements of Federal and State Securities Laws", *The Natural Resources Journal*, Vol. 37, 1997.

〔2〕　参见吴志攀：《金融法概论》，北京大学出版社2000年版，第246页。

〔3〕　参见郑晓波、刘璐："非上市公众公司股份须到法定交易所挂牌转让"，载《证券时报》2012年6月21日，第A08版。

通过具有明确市场价值的股票期权等激励手段吸引人才，这都是信息披露所能带来的潜在收益。所以，对于非上市公众公司治理中的透明度要求，可以借鉴域外经验，确立市场化的监管理念，通过强化信息披露监管，让非上市公众公司也"适当"沐浴在披露制度的"阳光"之下，并以此为监管重点。

二、信息披露的制度设计应考虑披露成本与市场特点

与交易所市场相比，对于以基础层挂牌公司为主的全国股转系统来说，信息披露成本相对较低，但却能发挥信号显示的功能，且一定程度的信息公开能吸引更多的投资进入资本池，持续的信息披露对其"蓄资"更有利。[1]就非上市公众公司运行和监管的价值选择而言，其在制度设计上更偏向于提高市场效率，但这势必会与投资者保护产生一定冲突。保护投资者，最主要的是通过要求发行人进行恰当的信息披露来保护投资者的知情权，那么对市场效率的追求就需要在信息披露方面作出某些妥协和让步，对投资者权利遭受侵害的可能性进行前期制度上的补偿。

交易成本是在一定的社会关系中，人们通过自愿交换实施经济行为时所支付的成本。[2]这样的成本在信息披露中也同样存在，所以信息披露首先应当适度。现代公司实践与证券市场发展的实际表明，信息作为一种资源，在初始分布上就不均衡；作为一种特殊商品，在获取的过程中也将产生高额的"信息成本"。[3]对于披露者来说，需要在信息的整合、消化和散播上承担昂贵的成本，且这样的成本与生俱来。在信息接收者看来，他们还需要在信息的获取、处理和验证上耗费成本，且这些成本绝大部分是由投资者来承担的。[4]当增量信息的获取所带来的收益与获取这一信息而付出的成本正相抵

---

〔1〕 参见胡经生：《证券场外交易市场发展研究》，中国财政经济出版社 2010 年版，第 19 页

〔2〕 参见［美］理查德·A. 波斯纳：《法律的经济分析》（下册），蒋兆康译，中国大百科全书出版社 1997 年版，第 519 页。

〔3〕 参见关璐："非上市公众公司信息披露制度剖析"，吉林大学 2010 年硕士学位论文。

〔4〕 参见［美］弗兰克·伊斯特布鲁克、丹尼尔·费希尔：《公司法的经济结构》，张建伟、罗培新译，北京大学出版社 2005 年版，第 337~338 页。

销时，我们可以说，这样的信息披露是有效率的。[1]所以信息披露的制度安排要考虑其经济性和效率性，否则将导致交易成本激增、市场失灵、证券盈余反应系数降低等一系列负效应出现。简而言之，经济性和适度性的标准就是披露的信息能够减少投资者成为知情人士的成本，且上述成本的降低应当小于因披露而耗费的成本，即投资者因信息披露所增加的边际收益超出边际成本。[2]这样在增进投资者净收益的同时，资本市场才能同时将资金配置给更有效率的使用者。

从投资者风险偏好来看，相比于交易所市场，全国股转系统的投资者理论上具有更丰富的投资经验、更高超的投资技巧和具有风险偏好的群体特征。他们更愿意相信自己的投资决策而非公司的信息披露，正因如此，他们对市场信息的依赖程度远没有一般公众投资者强烈。[3]且在这样一个市场中，挂牌公司在公司规模、组织结构、运营风险、风险承担能力等方面相比于上市公司存在劣势，它们对信息披露的成本更加敏感。若过于强化信息披露义务，在成本与市场收益的对比考量下，它们宁愿选择退出市场，并进而导致市场的萎缩。所以对非上市公众公司的监管，特别在以信息披露为主要内容的监管上，必然要做出与上市公司相区分的制度设计。

第三节　我国非上市公众公司信息披露监管现状

一、非上市公众公司信息披露的监管发展

（一）法律层面未涉及非上市公众公司信息披露规定

现行《证券法》在对证券发行的规范上涵盖了所有证券的公开发行行

---

〔1〕　参见樊纲：《市场机制与经济效率》，上海三联书店/上海人民出版社 1995 年版，第 94 页。

〔2〕　参见潘东旭、查冬兰："信息披露质量对边际股权融资成本的影响"，载《安徽大学学报（哲学社会科学版）》2011 年第 6 期。

〔3〕　参见李建伟："非上市公众公司信息披露制度研究"，载顾功耘主编：《公司法律评论》，上海人民出版社 2010 年版，第 162 页。

为，无论是首次公开发行还是公开发行新股都要受其规制。[1]在发行披露上，《证券法》第 23 条要求发行人在证券公开发行前需公告公开发行募集文件，并将该文件置备于指定场所供公众查阅。然而在我国，向不特定对象公开发行与上市联动的做法使得向不特定对象公开发行股份的公司必然都符合上市条件。但相关信披规范只适用于首次公开发行并上市的公司，并不涵盖非上市公众公司。证券发行的场外市场的缺乏，使得股票公开发行的披露规范只适用于上市公司，非上市股票的场外 IPO 和非上市公众公司新股发行的信息披露监管则处于法律真空地带。[2]

（二）证监会和全国股转系统较为明确的信息披露制度

实践中，关于非上市公众公司信息披露的规范大多散见于证监会的规章、内容与格式指引以及全国股转系统的规范性文件中。《监督管理办法》及 2013 年伊始出台的《非上市公众公司监管指引第 1 号——信息披露》对挂牌公司信息披露的内容、方式等作了提纲挈领的规定，并赋予了依法设立的证券交易场所制定更详尽的挂牌公司信息披露规则的权力。此后，证监会陆续发布了《信息披露管理办法》和《非上市公众公司信息披露内容与格式准则》，从部门规章的层面对挂牌公司的信息披露进行了较为原则的规定。在自律规范层面，全国股转系统据此出台了较为细化的《全国中小企业股份转让系统挂牌公司信息披露细则》（后修改为《全国中小企业股份转让系统挂牌公司信息披露规则》）《全国中小企业股份转让系统挂牌公司信息披露指引》《全国中小企业股份转让系统公开转让说明书信息披露指引》。

细观上述规定，《全国中小企业股份转让系统挂牌公司信息披露细则》和《信息披露管理办法》分别于 2017 年底和 2019 年底才颁布实施。在这之前，全国股转系统在业务规则层面并未形成系统化、体系化的挂牌公司信息披露规则体系，部分规定滞后于市场发展需要。与原代办股份转让系统信息

---

[1] 参见李建伟、姚晋升："非上市公众公司信息披露制度及其完善"，载《证券市场导报》2009 年第 12 期。

[2] 参见李建伟："非上市公众公司信息披露制度研究"，载顾功耘主编：《公司法律评论》，上海人民出版社 2010 年版，第 169~170 页。

披露要求相比，立法者可能基于非上市公众公司多处于初创期或成长期，业绩波动大，发展不确定性较高的实际，从投资者保护和建立市场诚信标准角度出发，对非上市公众公司赋予了较重的信息披露义务。譬如根据原有规定，非上市公众公司需承担强制性的年报和半年报披露制度、在需要报告的重大事项中要求公司每次召开股东大会与监事会都须向主办券商报送并公告决议、报告每次关联交易等，有的要求甚至比上市公司的披露义务都重。相比而言，在原代办股份转让系统挂牌公司的信息披露义务就轻得多，仅需提供股份报价转让说明书、强制性的年报披露、13 项涉及公司情况重大变化的临时报告事项等文件。但自 2019 年来，随着《全国中小企业股份转让系统挂牌公司信息披露指引》《全国中小企业股份转让系统公开转让说明书信息披露指引》《全国中小企业股份转让系统挂牌公司信息披露规则》《信息披露管理办法》的发布实施，信息披露重要性原则、强制性披露和鼓励性披露相结合、差异化分层监管等理念在制度层面得以确立，挂牌公司信息披露规则日益体系化。

二、有关非上市公众公司的信息披露监管实践

挂牌公司在法律性质上是公众公司，受到强制信息披露的约束。但冠以公众公司这一名号的市场主体，公众性差异巨大且总体上较弱。从投资者角度而言，对于这类流动性、投资价值等均劣于上市公司的融资方，并无特别的信息披露需求。自全国股转系统修订《全国中小企业股份转让系统挂牌公司信息披露业务细则》以来，已初步实现了各层次挂牌公司在信息披露上的差异化，例如对于创新层公司，在基础层公司的信息披露要求下，提高了信息披露的频次、新增"业绩快报"与"业绩预告"要求，并初步实现了分行业信息披露。总体来看，目前不同层次挂牌公司的信息披露制度虽在"量"上有差异，但是"质"的区别并不充分，特别是对于公众性水平较弱的基础层公司来说，其所承担的披露义务与挂牌收益并不匹配，导致一些企业的挂牌意愿下降。另一方面，对于创新层企业来说，虽然其承担了相较于基础层挂牌公司而言较重的信息披露义务，但由于以书面问询为主的非现场

监管模式，在监管有效性上可谓"一条腿走路"。受制于监管资源的有限性，无论是证券监管部门或是全国股转系统，对于挂牌公司信息披露的现场检查数量和占比均较少，非现场监管没能与现场检查有效联动。一些公司在披露中相关重要信息缺失，所披露的信息在投资者决策的有用性上大打折扣，也大大降低了公司治理的透明度，因此一些暗箱操作和侵害中小股东的行为未能得到很好的遏制。

此外，全国股转系统对于非上市公众公司信息披露的监管更强调挂牌公司在最低披露义务之外的自愿披露和主办券商对于挂牌公司信息披露的持续督导。自律管理下自愿披露和持续督导的引入不仅使创业初期的中小公司免受不堪重负的披露义务的困扰，各挂牌公司也可能会为了自身声誉，主动披露非强制要求披露的事项。然而在冗余的信息披露面前，由于挂牌公司所处行业和经营模式的特殊性，即使对于合格投资者而言，也较难从中筛选出对投资决策有用的信息。

再反观 2020 年初实施的《信息披露管理办法》，从具体条款来看，在某种程度上更多体现了与上市公司信息披露相一致的监管理念，或者说与上市公司监管相衔接的逻辑与思路。无论是对定期报告、临时报告，抑或是披露的主要内容，非上市公众公司与上市公司并无太大的差异，字斟句酌间留有较多《上市公司信息披露管理办法》的痕迹。虽然《信息披露管理办法》就全国股转系统分层监管实际，在差异化监管理念下做了设计不同的制度安排，以满足市场主体多元化的需求，[1]但付诸实践的制度能否在监管者的美好愿景下与处于不同发展阶段下的公众性存在差异的挂牌公司相匹配，尚不得而知。从证监会以及全国股转系统对于非上市公众公司信息披露的要求可以看出，在相关制度的设计中大致着眼于三个方面：一是从投资者保护角度出发，强制挂牌公司履行信息披露的义务，并基于市场投资者成熟度、风险承受能力的实际，试图提出有别于上市公司和非公众股份公司的信息披露要

---

〔1〕 参见郑彧："合而不同美美与共——评《非上市公众公司信息披露管理办法（征求意见稿）》"，载 http://www.mzyfz.com/cms/benwangzhuanfang/xinwenzhongxin/zuixinbaodao/html/1040/2019-12-16/content-1413429.html，最后访问日期：2019 年 12 月 30 日。

求；二是从挂牌公司实际出发，着力在制度设计上体现出对公众性、流动性、规范运作性等方面存在差异的挂牌公司施以不同的监管要求；三是在监管效果上，在借助强制性披露要求对投资者保护之余，也通过自愿披露和持续督导相结合的做法，注重对于体制效率的追求和与投资者保护的协调。

第四节　非上市公众公司信息披露的价值选择平衡

一、信息披露保障的是效率价值下投资者的知情权

在非上市公众公司信息披露的制度构建上，遇到的第一个难题就是信息究竟应当披露到何种程度。虽然在法律制定上充分考虑了投资者的利益，对发行人信息公开的方式、内容作了要求，使投资者享有并实现了在与投资决策有关的信息上的知情权。但享有知情权不意味着知情，投资者在知识结构、投资经验等方面的差异无法做到让其完全把握披露信息的内容实质，投资者依然可能基于自身能力的欠缺，不能理解披露信息中影响其投资决策的那一部分。证券监管机构强制发行人进行信息披露的目的是使中小投资者能够获得发行人可能刻意隐瞒的，且会影响投资决策的信息，至于投资者是否真正能理解这些信息并据此作出何种判断，并不应该是证券监管机构关注的重点，因为市场的有效性足以使公开信息及时和充分地反映在股票价格上。[1]《证券法》第 25 条规定了"买者自负"原则，"股票依法发行后……投资风险，由投资者自行负责"。虽然此条款制定的原意是在投资者实然已经知情的情况下，需自行承担投资风险，而非在信息不对称下的买者自负，但这并不意味着效率价值对投资者利益保护的妥协要做到通过详尽的信息披露要求，让参与市场交易的投资者都能在实质上对与投资决策有关的信息保持知情。美国 1933 年《证券法》就指出，SEC 根据本法订立规范以及被要求考量某行为对保护公共利益是否必要或恰当时，除考虑保护投资者利益外，该

---

〔1〕 See James D. Cox, "Premises For Reforming the Regulation of Securities Offerings: An Essay", *Law and Contemporary Problems*, Vol. 63, 2000.

行为能否提高效率、促进竞争和资本形成也是 SEC 必须同时考虑到另一方面。[1]这样一种价值选择博弈在信息公开与投资者知情之间的体现就是法律保障的是效率价值下投资者的知情权而非其实质知情。

二、在投资者利益保护、成本与效率间寻求平衡点

资本市场作为人类历史上的重大经济革命，所带来的福祉是无法比拟的。之所以具有这般作用，主要在于其可以通过优化投资信息和资源配置、改善公司治理等方式来减少信息获取成本和交易成本对技术创新和资本聚集的影响，进而促进经济增长。[2]不过我们同时需要看到，以高风险著称的资本市场，其风险主要来源于信息本身的特殊属性和资本市场特有的信息问题。法律对非上市公众公司的监管正是要建立一种强制和监督机制，缓和信息优劣双方的利益冲突，从而追求法的效率价值。[3]流动性是包括非上市公众公司在内的股份公司的天性。从前文的论述中可以看出，在非上市公众公司的运行中，不能因为过度关注投资者利益保护而"步履维艰"地设计市场运行规则，这将打击公司的积极性，不利于非公开发行制度优势的发挥。

就信息披露本身来说，公开信息的行为无法避免地使公司与投资者产生利益分配上的"背道而驰"。规则对于非上市公众公司施加强制信息披露的要求，究其原因，还是基于挂牌公司信息不对称的实际以及一定程度的公众性，而对公众投资者在制度设计上作出一种补偿，以此实现对投资者的保护。但全国股转系统运行近十年来，挂牌公司的数量有了几何式的增长，但市场整体结构和公众性，尤其是对于身处基础层的挂牌公司来说，依然体现出较为浓厚的人合性、小规模和封闭性色彩。正因如此，在制度设计上不得不考虑信息披露成本、方式对于大部分挂牌公司的影响。信息披露过于详尽

---

[1] 参见郭雳、郭励弘："私募发行在美国证券市场中的重要地位"，载《首席财务官》2008年第4期。

[2] 参见张路编译：《美国上市公司最新立法与内部控制实务》（中英对照本），法律出版社2006年版，第1页。

[3] 参见关璐："非上市公众公司信息披露制度剖析"，吉林大学2010年硕士学位论文。

会给公司增添负担，不仅使其心存商业秘密被泄露的忧虑，高昂的披露成本也会让公司对此市场"望而却步",[1]这与非上市公众公司的规模、公众性是不相匹配的，并将阻碍市场运行效率的提高，一定程度上可以说是偏离了非上市公众公司的制度设计初衷。虽然从市场现有的关于挂牌公司信息披露的规定来看，在差异化监管的思路下，不同板块间的披露存在一定差异。但总体上而言，前述差异只是浮于制度表面的小修小补，对于监管理念的传递大过制度本身。实践中执行效果如何，尚待时间的检验以及相关细则和指引的完善。因此，需要缓和信息披露的详尽程度与披露成本上升之间的冲突，在投资者利益保护与监管成本以及市场运行效率间找到一个平衡点。

三、进一步深化差异化信息披露的监管要求

全国股转系统存量挂牌公司仍有六千余家，公司类型和特征都差异较大，构建成本与收益相匹配的差异化信息披露制度是市场向纵深发展的重要着力点。从市场结构、流动性、挂牌公司的公众性、投资者结构等角度出发，差异化信息披露制度的构建一定要与挂牌公司的公众化水平相适应。一是对于公众性显著，打算申报北交所的挂牌公司，信息披露应更为严格，披露标准可以对标上市公司；对于公众性适中的挂牌公司，可以在现行创新层的信息披露要求上适当调整；对于多数公众性较弱的公司，可以适当简化披露要求，更多以自愿性披露来代替强制性披露。二是披露要求应与挂牌公司不同交易方式相匹配。全国股转系统实行多元化的交易方式，协议交易、集中竞价、做市商交易同时存在。创新层和原精选层挂牌公司股票交易的撮合频次较高，对于信息披露的及时性要求也更高，因此须适度提升这类公司的信息披露强度。三是披露要求应考虑挂牌公司的成本收益。信息披露是企业成为公众公司后必须负担的成本，不仅有人员成本、审计成本等直接成本，也存在信息被公开后，挂牌公司的经营策略、上下游客户、成本价格等被竞

---

〔1〕 参见［日］河本一郎、大武泰南:《证券交易法概论》，侯水平译，法律出版社2001年版，第41页。

争对手获取的间接成本。因此，披露制度在设计上一方面要防止过高的披露要求吓退拟申报或已挂牌的企业，同时也要给执行严格信息披露标准、履行披露义务成本越高的企业配备更多的制度红利。

四、在设定最低披露义务之余给发行人充分的披露自治权

总体而言，非上市公众公司的信息披露义务远低于上市公司，如果按照上市公司信息披露标准让非上市公众公司履行严格的信息公开义务，只会让市场愈渐萎缩。全美证券交易商协会曾于 1999 年修改规则，要求在 OTCBB 市场上挂牌的所有公司都需履行 1934 年《证券交易法》所规定的强制披露义务，这导致的直接后果是高达 74% 的挂牌公司选择退出市场，或转为封闭公司，或到信息披露义务较低的 Pink Sheets 市场去挂牌交易。[1]在美国 Pink Sheets 市场，立法者给挂牌公司留有了一定的信息披露自治空间和主动权，并辅之以约束和激励机制。为了鼓励挂牌公司充分披露信息，市场根据挂牌公司信息披露的充分程度和可信度对证券进行五个等级的分级标示，对投资者以提醒，对最差级别的证券施以阻止报价的限制。[2]针对全国股转系统的实际，特别是对于基础层挂牌公司，不妨由法律规定一个最低层次的披露标准，挂牌公司在满足法定的最低披露标准之余，充分衡量披露成本，并做出各自有别的信息披露安排。对于充分披露信息的公司，应给予更高的市场声誉。与此同时，将风险警示公告和券商利益与信息披露相结合，对因披露严重不足导致证券分级标示处于末端的证券进行风险警示公告，并充分发挥以券商为代表的中介机构对发行人信息披露的监督作用。在"声誉"的压力下，券商势必"扮演"好一个监督者的角色，这将有效降低市场信息披露的成本。[3]

---

〔1〕 See B. J. Bushee, C. Leuz, "Economic Consequences of SEC Disclosure Regulation: Evidence from the OTC Bulletin Board", *Journal of Accounting and Economics*, Vol. 39, 2005.

〔2〕 参见李建伟："非上市公众公司信息披露制度研究"，载顾功耘主编：《公司法律评论》，上海人民出版社 2010 年版，第 165 页。

〔3〕 See Ronald J. Gilson, Reinier H. Kraakman, "The Mechanisms of Market Efficiency", *Virginia Law Review*, Vol. 70, 1984.

目前基础层挂牌公司占比超过 70%，其中相当一部分基础层公司长期以来公众性极弱。对于这类公司可以考虑进一步豁免其部分信息披露义务，对于定期报告只要求披露年报及附注；对于临时报告，可以豁免及时披露的要求，待其发生交易或融资时，再予以集中披露。另一方面，对于除上述之外的其他基础层公司来说，建议允许自主选择披露范围。挂牌公司多为初创期、成长期的中小微企业，不少公司希望避免因过早披露关键业务、客户数据或技术信息而造成竞争劣势。平衡这两方面考虑，可以在规定基础层公司必须披露财务报告及其附注等基础信息的前提下，允许其自主选择，将一部分关键业务或基础信息仅向公司现有股东或者潜在投资者披露。

但与此同时，公司的自愿性披露也须受到一定限制，以保证基本的披露公平和公正。从立法目的而言，强制性披露是法律所要求的最低程度的信息，自愿性披露是向市场和投资者提供增量信息。由于公司所处行业、经营模式、面临风险等各不相同，公司在自愿性披露时，应当披露的是对投资者决策有影响的事实，抑或是对强制性披露的补充或进一步解释。但在实践中，披露过度导致信息冗余、选择性披露利好消息、借披露进行题材股炒作、披露内容对投资决策的增量价值不明显等情况在自愿性披露中十分常见。所以在鼓励企业进行自愿性披露的同时，要以发挥信息披露对于投资决策的增进作用为目标，一方面避免出现披露过度、选择性披露、披露动机不纯等现象；另一方面突出披露的深度和与其他信息的关联度，充分挖掘披露信息对于辅助决策的增量价值作用。[1]

五、压严压实主办券商在信息披露上的把关责任

《监督管理办法》虽然明确了非上市公众公司的信息披露要求，但面对几千家挂牌公司，如何能使监管理念和压力顺利传导到挂牌公司，其中离不开主办券商的作用。根据现有规定，主办券商应当指导和督促挂牌公司规范

---

〔1〕　参见程茂军："试论上市公司自愿性信息披露的法律规制"，载黄红元、卢文道主编：《证券法苑》，法律出版社 2017 年版，第 185 页。

履行信息披露义务，对于挂牌公司编制的信息披露文件，在经主办券商审查后，由主办券商上传至规定信息披露平台。虽然从明确责任的角度来说，应夯实信息披露主体的法定披露义务。但从成效来看，通过压严压实中介机构对于发行人信息披露质量的核查把关责任，督促包括主办券商、会计师、律师等中介机构归位尽责，严格履行核查验证和专业把关的法定职责，有利于切实发挥好相关主体资本市场"看门人"作用，并搭建起资本市场最为核心的第一道防线。实践中，全国股转系统通过建立市场化的评价约束机制，压实主办券商责任，促使其审慎执业、归位尽责。曾有公开报道显示，2019年全年，主办券商审查督导企业信息披露文件43万份，报告风险及违规线索2358次。[1]通过压实主办券商责任，将信息披露审查关口前移，突出主办券商的事前核查把关责任，可以在最大程度上从源头控制，将不合法、不合规的行为扼杀在摇篮里。同时，积极发挥其他证券服务机构的独立性和专业性，以及在违法线索提供与举报上的主动性，从而在多方共同参与下，将极为有限的监管资源进行合理分配，共创、共治、共享非上市公众公司治理的新格局。

六、加重对于少数关键人员的处罚力度

随着全国股转系统改革的稳步推进，以信息披露监管为主的挂牌公司持续监管的工作量和复杂度逐步加大，投资者保护任务日益艰巨。在现有的制度框架下，从责任承担角度而言，违法违规信息披露，挂牌公司承担首要责任，大股东、董监高等直接责任人员承担连带赔偿责任，这导致披着一层法人主体外衣的大股东和内部控制人在与收益相比轻微的违法成本面前更加肆无忌惮。[2]从立法本意出发，挂牌公司在信息披露违法违规方面不应承担连

---

〔1〕 参见刘伟杰："新三板将推精选层让'鱼塘'养出量多质优'大鱼'"，载《证券日报》2019年12月21日，第A03版。

〔2〕 我国《证券法》第85条明确了虚假记载、误导性陈述或者重大遗漏致使投资者遭受损失的责任承担主体，其中，信息披露义务人承担首要赔偿责任，控股股东、实际控制人、董监高和其他直接责任人员承担过错推定责任。

带赔偿责任，主要原因有三：一是法人人格的非独立性。非上市公众公司虽然作为法人实体拥有自己的独立人格，然而其法律人格具有一定的特殊性。对于股权集中度高、法人治理结构不完善、受大股东和内部人控制程度明显的挂牌公司来说，其人格是不完整的，这类公司的违法行为，不能将其视为法人意志的体现。二是挂牌公司虽然承担证券法上的责任，但从民事责任追究和过罚相当原则出发，挂牌公司承担赔偿责任的条件之一应当是公司是违法行为的受益人。但是人格不完整的挂牌公司来说，违法违规信息披露、公司治理缺陷并没有使公司从中受益，反而使广大中小股东成为大股东操纵或是控制下的上述行为的受害者。若对公司施以较重的法律责任，会造成对广大中小投资者的"二次伤害"。三是因少数关键人员的授意行为而使公司遭受处罚，属于内部人滥用代理权的行为。股东与管理层是一种委托代理关系，即使公司从违法行为中受益，但相关行为却是身兼大股东身份或其利益代表的管理层在违背中小股东意志和公司利益的情况下作出的，从维护正常的市场秩序和公司利益最大化考虑，都应该考虑加重对少数关键人员的处罚。

概言之，处罚措施的作出和赔偿责任的承担应当以有利于在根本上保护投资者合法权益和市场的长远利益为目标，重在追究直接责任人员的责任。美国证监会主席、执法部联席主任在上任后强调了五项执法原则，具体包括：（1）始终维护普通大众投资者的长远利益；（2）聚焦于个人责任；（3）跟上技术变革的步伐；（4）施加能够最有效促进执法目标的处罚；（5）持续评估分配执法资源。这五条执法原则具有相当的参考价值，公众公司本质上是所有股东的财产集合，如让公司承担主要赔偿责任，无异于让无辜的公众投资者为大股东和管理层主导下的违法违规行为买单。从长远来看，不仅会助长"大股东倾轧"和"内部控制人"的行为气焰，也不利于树立市场信心和促进资本形成。因此在处罚力度和民事责任承担上，都应加重对于"少数关键"的责任力度。由此，在作为无过错方的其他公众股东合法权益得到有效保护的同时，也严惩了真正的过错方，从根本上威慑与遏制了潜在违法违规行为的发生，维护广大投资者对于市场的信心。

监管随想篇

第九章

运用科技手段助力非上市公众公司治理监管

第一节　在公司治理监管中应用科技的必要性

一、应对严峻监管形势的需要

2016 年以来，随着依法监管、从严监管、全面监管持续向纵深推进，市场各类乱象得到了初步遏制。但另一方面，在非上市公众公司数量不断增加的同时，挂牌公司的治理水平、信披质量却没有明显改善，监管面临的市场环境依然复杂严峻。一些公司热衷于资本运作，杠杆高企，脱实向虚，[1]成为金融风险集聚的平台。自全国股转系统设立以来，挂牌公司数量大幅增加，从 2014 年底的 1572 家上涨至 2022 年底的 6580 家，高峰时挂牌公司家数连续三年过万。大部分挂牌公司规模小、抗风险能力差，运作的规范性问题突出；个别公司大股东及实际控制人行为失序加重，在资金链压力下，资金占用和违规担保问题频发，通过各种非法手段侵占公司利益的现象有所回潮。此外，一些公司在多重因素的驱动下，采取调节利润，甚至业绩造假等行为。面对这样的形势和任务，对于非上市公众公司的监管需要进一步提升监管的颗粒度和精准度，提高问题发现与及时处置的能力。在此背景下，通过监管科技手段，充分运用大数据、人工智能等应用工具，[2]对挂牌公司多

---

〔1〕　参见付建利："别让我们的能力'熊'了"，载《证券时报》2018 年 12 月 29 日，第 A008 版。

〔2〕　参见刘来宾："让监督更加精准高效"，载《中国纪检监察》2018 年第 21 期。

维度数据进行深度挖掘和全局运算，可以辅助监管，提高监管人员对潜在风险问题的洞察力，提升监管专业性和及时性，切实扛起一线监管主体责任。

二、解决当前监管瓶颈的需要

随着监管任务加重以及节奏加快，当前监管模式存在的短板日渐凸显。一是穿透性方面，在关联方和关联交易的识别上，相关法律主体往往嵌套了多层有限合伙股东，通过隐匿关键人员的利益关系，进而导致损害公司及中小股东利益的可能性增大。虽然在信息披露上交易行为的决策与披露程序表面合规，但调节业绩、套取挂牌公司资金或核心资源等违法动机的行为本质则被表象所掩盖，监管上难以准确识别并获取有效线索。二是时效性方面，当前监管模式主要采用人工统计、手工搜索整理公司情况、逐份审阅公司公告等方式，但挂牌公司数量给有限的监管资源带来不小的压力，并在强调快速反应、加强事中监管的监管要求下已显现了不适应。三是集约性方面，在监管工作量激增的同时，监管工作的专业性要求也相对提高，仅依赖增加人员的监管资源扩充方式容易造成监管水平的波动。针对上述问题，借助监管科技手段，不仅可以简化数据搜索整理过程，提升监管效率，还能在大数据的基础上进行数据挖掘和监测分析，获得常规手段难以获取的数据信息，[1]从而弥补监管短板、提升监管精准性，在技术层面实现对穿透式监管的有力支撑。

三、顺应数据时代变革的需要

资本市场是典型的数据密集型市场，同时也是风险密集型和信息密集型市场。一线监管需要及时处理市场主体不断产生的海量信息和数据，并在此基础上去伪存真，快速和有效挖掘监管线索和隐藏在表象背后的风险变化趋势，并主要通过问询函的形式让挂牌公司说清楚、讲明白，让投资者看得透，提前化解潜在风险，维护市场稳定。在大数据时代背景下，监管科技的

---

〔1〕 参见杨宇焰："金融监管科技的实践探索、未来展望与政策建议"，载《西南金融》2017年第11期。

运用，是实现对多维度海量信息进行实时监测分析的必要条件。同时，当市场机构更大范围、更大程度地采用科技手段时，如果监管系统不同步升级，则可能导致信息不对称问题加剧，监管应对将变得更加迟缓；甚至可能由于对问题敏感度不足和监管手段的滞后，使得市场中套利行为更加严重或升级。在风险识别方面，人工智能辅助下的科技监管更具有全局性和系统性的风险识别能力。[1]通过与包括上市公司和非上市公众公司在内的同行业公司进行信息和数据等的综合比对、对舆情信息进行抓取和分析，有利于及时识别宏观上的市场波动风险和微观上的企业分化风险，[2]更好地实现挂牌公司治理缺陷的早发现、早预警、早处置。此外，也可以通过机器学习过去的监管案例，评价新的监管问题、风险状况和解决方案，并对可能的错误进行预防。

由此，在传统监管模式的基础上，提升部门科技监管水平，再造监管业务流程，探索人机互补的智能化监管模式转型，是突破当前监管局限和瓶颈，更好应对严峻监管形势和市场快速发展的必要路径。

第二节　监管科技在公司治理监管中的目标方向

总体而言，监管科技在非上市公众公司治理监管中的应用，应当实现对公司全景信息的集中展示、实时监控、系统预警，使监管人员更全面、深入地了解上市公司，更及时、有效地发现挂牌公司的潜在治理缺陷，提升监管效能。同时，通过将合规工具嵌入挂牌公司业务办理端口，帮助公司提高合规能力，降低合规成本，构建整个市场的合规新生态。

一、提升对于挂牌公司了解的广度深度

通过大数据等技术手段的运用，可以立足监管需要，展现包括挂牌公司

---

〔1〕　参见伍旭川、刘学："监管科技推动监管升级"，载《金融博览》2017 年第 8 期。

〔2〕　参见赵一蕙："集成电路等八行业入围 上交所第四批行业信披指引征求意见"，载《上海证券报》2018 年 11 月 12 日，第 004 版。

历史沿革、股东情况、财务数据、重要交易、违法违规信息等多维度、全覆盖的"立体画像"。在此基础上，以上市公司潜在治理缺陷为导向，结合股东行为、合规运作、经营状况等关键维度，对上市公司进行实时动态的风险评价打分，[1]并根据风险得分对上市公司进行分级，确定哪类公司或行为需要采取额外的监督，使有限的监管力量可以投入需要加强监管的高风险公司或事项上。[2]

同时，为进一步提高监管穿透性，通过汇总整合系统内外的数据资源，建立挂牌公司及关键人员的关系图谱，对各主体的信息、行为及关系进行梳理与分析，可以辅助监管人员甄别挂牌公司交易行为及资源流动的方向和行为实质，对公司及其控股股东、实际控制人隐匿的不当交易、失当行为加强监管。此外，关系图谱的构建，还可以帮助监管人员判断公司产业链上下游的风险爆发与传导情况，及早做好监管应对。据了解，澳大利亚证券和投资委员会已实现通过自然语言处理技术来提取证据材料的关键信息，通过可视化技术来制作所选择调查主体之间的关系图，鉴别可疑交易及违法违规行为。[3]

二、提升问题发现和风险识别的能力

利用云计算、机器学习等技术手段，实现对违规行为的辅助识别和对异常风险点的发现预警，可以增强对于挂牌公司治理监管的智能化水平，提高监管效率和反应速度，[4]同时也有利于保障监管标准的一致性。例如，对于涉及内控存在缺陷、治理水平不高的挂牌公司日常监管关注事项，如上市公司舆情热度激增且股价有所反应、股东质押出现平仓风险同时公司筹划异常事项等，以问题为导向建立模型，由系统进行数据抓取和处理分析，挖掘监

〔1〕 参见陶睿等："深度学习和知识图谱在智能监管中的应用研究"，载《金融纵横》2019年第8期。
〔2〕 参见伍旭川、刘学："监管科技的作用及应用"，载《清华金融评论》2018年第3期。
〔3〕 参见伍旭川、刘学："监管科技的作用及应用"，载《清华金融评论》2018年第3期。
〔4〕 参见陶睿等："深度学习和知识图谱在智能监管中的应用研究"，载《金融纵横》2019年第8期。

管线索并实时提醒，辅助监管人员及早发现和处置风险。又如，对定期报告财务信息异常点，如关键财务指标出现同行业比对异常、营收与现金流不匹配、偿债能力存疑等，构建财务指标预警体系，[1]运用科技手段进行计算分析，同时与税务、海关等其他外部数据交叉验证，实现对上市公司财务舞弊风险和财务报表异常的智能化判断和提醒。SEC 引入的一系列监管新科技中，利用机器学习的方法来分析注册申请人填报的描述性披露信息，用以更全面地对申请人的行为进行甄别，特别是对其潜在的欺诈和不当行为的市场风险进行评估，[2]其结果是帮助 SEC 调查人员更准确地确定核查方向。

三、提升一线监管的实时性和有效性

在非上市公众公司数量突飞猛进的同时，违规行为与潜在风险也日趋隐蔽和复杂。一旦发生较大的风险事件，事中监管失灵，对投资者造成的影响和对市场产生的破坏效应就越严重。[3]在此背景下，通过搭建并完善监管应用平台，充分利用系统高速运算的优势对挂牌公司信息披露进行实时、全貌监控，可以增强监管实效，切实维护市场稳定运行。

进一步而言，随着技术的成熟，可以尝试将监管"触角"前移，嵌入挂牌公司业务办理流程，通过技术手段保障监管数据的实时获取和处理分析，进一步提高监管的及时性。例如，对重要类别公告制定 XBRL 模板，用于公司信息披露环节的数据自动化采集，优化监管数据报送和提取手段，提高数据准确性和实时性。再如，伴随区块链技术的发展以及对传统审计工作的颠覆，在技术成熟时可以论证将监管合规工具嵌入挂牌公司区块链审计系统，利用区块链的分布式记账、不可篡改的时间戳、可信任的追溯途径等特性，提高财务信息披露监管效率，降低监管的调阅审核成本。[4]

---

〔1〕 参见于海波："我国上市公司财务预警方法研究"，吉林大学 2018 年硕士学位论文。

〔2〕 参见宋湘燕、谢林利："美国监管科技在金融业的应用"，载《中国金融》2017 年第 12 期。

〔3〕 参见陶睿等："深度学习和知识图谱在智能监管中的应用研究"，载《金融纵横》2019 年第 8 期。

〔4〕 参见杨宇焰："金融监管科技的实践探索、未来展望与政策建议"，载《西南金融》2017 年第 11 期。

四、提升非上市公众公司合规水平

监管科技的应用不仅可以服务监管工作，提升监管效能，也能够服务监管对象，提高其合规水平，降低合规成本。对挂牌公司而言，学习和掌握不断推陈出新的监管政策和要求、与监管机构咨询沟通、接受监管培训等，复杂费时且专业性较强。利用监管科技对监管规则进行数字化转译，例如前文所述，对重要公告类别制定 XBRL 模板，并根据规则变化及时在模板中进行更新调整，可以帮助挂牌公司提高信息披露的合规性，避免公司对规则要求出现理解上的歧义和执行层面的混乱。未来，更多的监管科技工具可以运用到挂牌公司业务领域，借助数字化、自动化手段增强公司合规能力，[1]构筑整个市场的合规新生态，提高市场整体的合规水平，减轻事中事后监管压力。

第三节　对于挂牌公司治理的科技监管应对

全国股转系统现有的公司业务管理系统在服务公司治理监管方面发挥了重要作用，但在支持科技监管上仍然存在一定不足。作为承载监管科技应用的关键基础设施，不仅需要性能升级，提高系统运行速度和韧性，更需要结合监管需要，引入新技术，加强多数据源的数据整合和多元化分析能力的建设，推动技术与业务的深度融合，优化改进现有监管业务流程和模式。

一、完善有关公司治理的底层数据

科技监管本质上是数据监管，数据的采集汇聚是建设监管科技应用平台的重要基础。但当前系统平台在数据收集上缺乏全面性和及时性，数据基础相对薄弱。结合监管工作需要，公司治理底层数据的完善着重要解决挂牌公司相关数据的整合与更新。需要多渠道汇总整合公司及相关方自上市以来的

---

〔1〕　参见李伟："监管科技应用路径研究"，载《清华金融评论》2018 年第 3 期。

全面历史数据，即覆盖公司自挂牌以来的全生命周期情况，包括公司主营业务发展历程、实际控制人变更、诚信记录等信息，形成对挂牌公司历史沿革与发展演变的完整跟踪记录。同时，资本市场主体数据具有海量性、动态性和复杂性特征，对于挂牌公司治理情况的监管涉及方方面面，因此，公司治理的底层数据需要汇总整合挂牌公司多维度信息，并进行实时更新维护，使之能够全面、动态地反映公司情况，保持数据的实时动态更新，这也是系统实现智能分析、服务监管工作的必要基础。另一方面，面对着数以万计的挂牌公司，监管人员对各挂牌公司情况掌握的深度、对行业了解的全面度、对风险识别和关注的精准度仍有待提高，这也是在公司治理监管中需要集中组织、抓实抓细的重要任务。

二、将外购数据与内部技术嵌入有机结合

结合上述对公司治理底层数据的实际需求，数据的完善路径可以从内外部同时入手。一是外购资讯服务商数据，快速建立公司基础数据库。目前，部分第三方金融数据服务商关于挂牌公司信息的展示已相对成熟，历史数据较为完整，基本涵括了监管所需的公司基本信息、财务数据、权益信息、重大事项以及所在行业数据、市场政策等。数据层次与分类比较全面，更新频率也可以较为及时保证。此外，也有部分数据商在挂牌公司及关键人员关系网、细分行业经营指标等领域有其特殊优势，可以较好满足一线监管需要。二是平稳推进公司端的技术嵌入，逐步实现实时数据采集。外部采购可以解决短时间内完成基础数据库建设的需要，但在保障数据实时性与可靠性方面仍存在不足，且数据交互过程中可能产生风险隐患。长远看，在向挂牌公司业务办理流程嵌入合规工具的同时，实现数据的自动化采集，不仅可以减少可能产生的人工干预，提高数据可靠性，也能实现监管数据的实时动态更新，提升监管效率。

三、搭建挂牌公司画像平台

监管科技在一线监管中的应用，较为重要的是研究建立挂牌公司画像平

台，即对全国股转系统各挂牌公司进行全貌监控和电子留档，为监管人员提供全景式公司信息汇总与可视化数据分析，提升监管人员对公司情况掌握的深度和广度，提高公司监管的穿透性和专业性。这就需要结合业务需求，梳理总结公司具体刻画维度。确定刻画维度时，需要注意遵循以下三方面基本要求：一是以监管为导向。平台设计以服务监管为出发点，集中展示公司治理监管关注的信息，如公司股权结构及关键人员、三会决议及内容、重要资本运作情况、同业比较分析等，并按重要性程度进行分层；同时汇总公司监管档案，如历史处分记录、监管关注重点等，使监管人员能够迅速识别公司可能存在的治理缺陷。二是可视化效果。海量数据的简单堆砌非但无法提高监管效率，甚至可能造成负面效果。为帮助监管人员快速了解数据内涵，画像平台应当充分运用图表、关系网、时间轴、词云提示等技术手段，增强数据可视化效果。三是完善监管档案。分类分步摸底挂牌公司治理现状，完善监管档案信息。在现有公司情况梳理的基础上，分类别、分阶段开展挂牌公司治理情况的排查摸底工作，从高风险公司、新挂牌公司起步，逐批建立高质量的监管档案。同时，持续优化监管系统档案移交功能，使之具备可随时移交未结工作的处理权限，例如可授权继任监管员对以往监管日志、其他非必要监管信息等内容进行编辑或删除，以清理冗余信息。

四、构建公司治理缺陷的识别指标体系

对于问题和风险的分析识别是挂牌公司一线监管的重要环节。在最大化汇聚市场和挂牌公司信息的基础上，对不同事项标识风险标签，并增设财务风险预警功能。运用大数据、人工智能等监管科技，可以实现持续及智能化监测分析，辅助提升问题发现和风险识别能力，以增强监管的实时性和有效性。具体而言，一是建立公司治理缺陷的分类指标体系，分类别、分层次归集挂牌公司治理缺陷的评价维度，并根据市场形势和监管动态变化，及时调整完善相关指标。二是设置具体评价标准，区分不同行业、不同规模公司，对公司治理缺陷相关指标逐项确定定量或定性评价标准，在公司微观层面，建立多维度评估模型。三是研究问题传导识别模型，对具有股权、产业链关系的公司集群，标识可能的问题传导路径，实现对关键环节的监测预警。四是探索宏观风险分析工具，充分利用技术工具，从上市公司整体行为趋势出发，模拟跨行业、跨市场的关联风险状况，提高对全局性治理缺陷的识别能力。

五、增设"关键少数"诚信数据库和舆情监控模块

从目前来看，一部分挂牌公司无论是公司治理还是信息披露，质量均较为堪忧。部分挂牌公司个别"关键少数"虽然未被采取行政监管措施或自律监管措施，但其原担任董监高或投资的公司，长期违法违规、劣迹斑斑，市场影响恶劣。因此，建立覆盖全国股转系统主要参与者的"关键少数"诚信数据库，将挂牌公司"关键少数"、主办券商持续督导人员、审计机构及签字会计师一并纳入，并将相关人员的从业经历、违法违规情况、所涉行政监管和自律监管情况在数据库中记载，可以为监管人员提供风险识别的有力工具，也便于提前防范风险，进一步提高对挂牌公司风险研判的准确性。另一方面，针对挂牌公司信息披露管理较为薄弱的现状，需借助大数据和人工智能对挂牌公司信息披露情况进行实时监控。通过增设舆情监控模块，将舆情信息监测与公司披露进行关联匹配，并辅以自动比对和提示预警功能，可以实现挂牌公司信息披露的自动化监管。

第十章

中介核查："看门人"理论下公开发行中的把关责任

2019 年 12 月，证监会对《监督管理办法》进行修改，允许挂牌公司向不特定合格投资者公开发行，实行保荐、承销制度。2021 年 9 月，证监会进一步深化新三板改革，将全国股转系统原精选层变更设立为北京证券交易所，上市公司从全国股转系统创新层挂牌公司中产生，并同步试点股票发行注册制。本次改革后，全国股转系统基础层、创新层和北交所形成了"层层递进"的市场结构。基础层和创新层仍实行备案制，由主办券商推荐挂牌；在北交所发行上市实行保荐制度。如果说核准制下监管机构扮演的是一种"保姆式监管"的角色，那么在注册制下，监管机构从对拟发行企业质量的实质性把关，更多转向督促以保荐人为代表的中介机构履行核查把关职责。其中，明确中介机构把关责任的标准和边界是关键，这不仅需要从股票发行上市的历史维度进行考察，同时也要基于各中介机构的"看门人"职责，明确其在提供专业服务过程中的职责分工。

第一节　从配额制到保荐制：公司上市治理结构的变迁

一、"配额制"下股票发行上市的"行政治理"

在 20 世纪"配额制"下，上市名额以计划的方式被分配到各地方政府，由后者收集并筛选企业信息并进而选择推动哪些企业上市，若上市公司表现好，则给予地方政府更多配额以奖励其在上市资源选择上的"把关作用"；

对于表现差的上市公司,则减少地方政府的上市配额,从而运用内部行政手段在中央和地方政府的权力分配中,解决公司上市的遴选问题,并营造了地方政府间竞争每年有限的上市配额的格局,形成了被学者称为"行政治理"的公司上市特殊治理结构。[1]21世纪以来,随着资本市场服务国企改革的政治任务基本完成,作为制度配套的"配额制"也相继被取消,这使得央地分权的制度基础不复存在。在地方政府退出上市资源的遴选角色后,证监会通过搭建股票发行上市保荐制,塑造了保荐人这一群体,用以接替"配额制"下地方政府在公司上市中的部分角色。[2]

二、"保荐制"下行政治理向契约治理的转变

以分散和不完整为特点的经济活动信息掌握在相互独立的个体手中,证券监管机构并不掌握所有相关的知识。[3]如果说"配额制"下企业上市行政治理方式是法治的部分替代,那么在"配额制"取消后,企业上市开始向法治化的市场组织分权,面临的首要问题就是如何在行政手段之外搜集符合上市条件的企业并确保其发行上市质量。保荐人作为地方政府的"接棒人",接替了地方政府甄别与挑选拟上市企业的任务,其与监管机构间关系的本质首先是契约治理下的委托代理问题。

作为经济学核心理论之一,委托代理关系出现于任何一种涉及非对称信息的交易中,只要委托人通过契约赋予代理人一定权利,并通过契约来激励和约束代理人的行动,以获取相应的收益,代理关系就已形成,并产生代理成本与代理收益。[4]一方面,证监会通过设置胜任能力考试和保荐代表人任职门槛,核准符合条件的人士以保荐代表人资格,并准予其从事保荐业务。

〔1〕 See Katharina Pistor, "Chenggang Xu, Governing Stock Markets in Transition Economics: Lessons from China", *American Law and Economics Review*, Vol. 7, 2005.

〔2〕 参见沈朝晖:"监管的市场分权理论与演化中的行政治理——从中国证监会与保荐人的法律关系切入",载《中外法学》2011年第4期。

〔3〕 See F. A. Hayek, "The Use of Knowledge in Society", *The American Economic Review*, Vol. 35, 1945.

〔4〕 参见周丹:"委托——代理理论的研究及应用",电子科技大学2005年硕士学位论文。

另一方面，以保荐人为主的市场中介组织通过信息搜集、内查外调等多种形式，将散落的与公司发行上市有关的各类信息整合梳理，执行一定的核查程序，并对拟上市企业是否符合发行上市条件进行判断，尔后通过发行保荐工作报告、招股说明书等形式传递给证监会进行审查，由此将发行人与证监会串联起来并充当了信息中介与风险把控者的角色，成为鉴别资本市场信息真实与否，进而消除信息不对称的重要外部力量。[1]但作为监管机构的代理人，保荐人也存在道德风险与逆向选择的可能性。除了工作懈怠，未尽职履责地挑选企业，随意签字推荐上市外，还可能出现保荐人与"带病申报"的发行人合谋"恶意闯关"的情况。同时，中介机构受发行人之托，忠于其利益，这与法律所强调的以公共利益为导向的"看门人"角色存在冲突。实践中，发行人选购中介意见的情况时有发生，中介机构是依法履职还是丧失合约是对其的一个挑战。

第二节　中介机构责任承担与分配的基本逻辑

一、中介机构民事责任的性质

中介机构是股票发行上市的专业服务机构，承担的是一种专家角色。在英美法系国家，专家与相对人之间的权利义务最早是通过契约法来规范的，其认为，用契约解决专家民事责任承担问题更为有效。[2]直至 20 世纪 60 年代中期，英国法院仍然认为，不存在欺诈的情形下，专家责任仅仅能够在契约关系中发现，专家因过错陈述对信赖其陈述并受到损害的第三人不应当承担损害赔偿责任。[3]然而 Hedley Byrne[4]一案将注意义务的责任正当化，

---

〔1〕　See Bernard S. Black, "The Legal and Institutional Preconditions for Strong Securities Markets", *UCLA Law Review*, Vol. 48, 2001.

〔2〕　参见蒋云蔚："从合同到侵权：专家民事责任的性质"，载《甘肃政法学院学报》2008 年第 4 期。

〔3〕　参见李建华、董彪："专家对第三人承担民事责任的理论基础——兼论德国新债法对我国民事立法的启示"，载《社会科学战线》2005 年第 5 期。

〔4〕　See Hedley Byrne and Co Ltd v Heller and Partners Ltd [1964] AC 465.

确立了中介机构应对契约之外的第三人承担责任的基本原则。法官认为，如果某人具有某种特殊技巧，并且决定将其技巧帮助一位依赖这种技巧的人，那么关注的责任就会产生。[1]同样的原理在美国法学会《侵权法重述》中也有体现，其在第 525 条规定，在商业、职业、雇用或者其他有金钱利益的交易过程中，提供作为他人交易引导的虚假信息的人，如果怠于合理注意或者没有合理的能力而取得或传递信息的，须就他人因合理信赖该信息的经济损失承担责任。[2]此后的几十年间，虽然对于第三人范围限缩的争论和标准一直在变，但侵权法已然成为法院在裁判专家对第三人承担民事责任上的主要规则。

二、责任承担逻辑：专家义务的公共性和强行性

中介机构是由取得专业资格认证的从业人员组成、向社会提供专业服务的专家群体，"被社会信赖的专业人士"成为这一群体的标签。中介机构的存在也为拟上市企业信息披露的准确性提供了一定程度的保证。隐喻地说，中介机构其将自己的声誉租给客户，扮演着声誉中介的角色。可以说，中介机构的执业活动具有公共性，所提供的专业性服务涉及个体、行业与社会公众利益。以 IPO 为例，更多信赖并使用招股说明书、审计报告的不是委托人，而是投资者，这些发行文件所反映的财务信息理论上也存在无限传播并被不特定的多数人信赖的可能。因此从根本上说，专家是"向公众提供专业服务的人"。赋予专业人士承担监测和控制的潜在责任，为其阻止公司不当行为提供了强有力的激励。在美国，尽管这些专业人士反对所承担的"看门人"角色和责任，[3]但美国联邦证券法律仍要求他们对客户的披露失败承担责任，并发展了大量文献来考虑哪些责任规则将促使"看门人"采取最佳

---

〔1〕　参见徐爱国编著：《英美侵权行为法》，法律出版社 1999 年版，第 78 页。

〔2〕　法律重述是对美国判例法的系统研究、归纳和原理分析，代表着美国法律界对相关法律的主流、集体见解。各州法院和联邦法院在裁决侵权案件时，通常依赖具有说服力的权威意见，《侵权法重述》就是这些权威意见的重要来源之一。

〔3〕　See New York City Bar Association, "Report of the Task Force on the Lawyer's Role in Corporate Governance", *Business Law*, Vol. 62, 2007.

预防措施来阻止客户的错误。[1]同时，为了确保此种对"看门人"的信赖不被滥用，各国法律皆对此类从事专业服务的人士施加了相应的执业要求和法律责任。[2]换言之，公众对于专家的信赖并非来源于专家与委托人间的契约约定，[3]抑或是职业本身，而是已经固化为一种社会秩序，专家的注意义务正是来源于这种基于社会秩序的特殊公共政策安排，这也使得专家民事责任超越了纯粹的私人关系而成为一个社会公共问题。[4]

三、责任分配逻辑：以专业为中心

在我国，习惯用原则性规定对中介机构法律责任的承担进行明确，但由于条文的概括性，加之中介机构执行活动较高的专业性与判断的主观性，在具体民事责任的认定上依然面临一定偏差与分歧。同时，我国现有法律关于各中介机构的职责规定存在标准泛化、重复劳动、边界不清等问题。[5]各中介机构虽然身负各职责范围内的注意义务，但标准并不明确，责任边界也不清晰，规则要求的"审慎核查""充分调查"等未被明确定义，在实际操作中多依靠监管机构的专业判断，去解释个案中的"审慎""充分"等。

中介机构发表独立专业意见的范围是基于法定和约定所承担的职责，但在履职过程中，各中介机构的职能有差异，不同规则对于各中介机构行为模式、标准约束等又无法很好的融合，自然不可避免地产生核查内容乃至具体

---

〔1〕 See Andrew F. Tuch, "Multiple Gatekeepers", *Virginia Law Review*, Vol. 96, 2010.

〔2〕 See Nicholas Rafferty, *The Tortious Liability of Professionals to Their Contractual Clients*, *Issues in Tort Law*, edited by Freda M. Steel, and Sanda Rodgers -Magnet, The Carswell Company Limited Toronto, 1983, p. 246. 转引自张民安、龚赛红："专业人士所承担的过错侵权责任"，载《法学评论》2002 年第 6 期。

〔3〕 参见李建华、董彪："专家对第三人承担民事责任的理论基础——兼论德国新债法对我国民事立法的启示"，载《社会科学战线》2005 年第 5 期。

〔4〕 参见蒋云蔚："从合同到侵权：专家民事责任的性质"，载《甘肃政法学院学报》2008 年第 7 期。

〔5〕 参见郭雳、李逸斯："IPO 中各中介机构的职责分配探析——从欣泰电气案议起"，载黄红元、卢文道主编：《证券法苑》，法律出版社 2017 年版。

职能上的重合，例如保荐人出具的保荐意见在内容上与多个中介机构的专业意见相重叠，实践中也大量存在互相援用核查结论的情况。此时，各中介机构在职责范围内对所涉事项负有审慎核查的义务，这种义务的承担一是以各自专业为中心进行判定，二是对于审慎的标准是做了一般注意义务和特别注意义务的区分。[1]中介机构旨在为发行人信息披露提供"质量保证"的专业意见，一旦出现错误、不实等，就要对其作出专业意见的基础进行审视，包括程序是否合规、实质判断是否合理等。

第三节　中介机构责任承担的困惑与争议

一、专业意见出具中技术标准的不确定

专业意见出具是一项技术性很强的活动，高度依赖中介机构的执业能力和专业水平，对同一关注事项，各中介机构虽然按照尽调准则等行业规范进行核查，但由于发行人所处行业、资产结构、产品特点、客户和供货商特征等的不同，行业规范无法面面俱到地对每一种情形进行详尽的指引规范，大多是以程序性要求和风险点提示为指导，要求中介机构保持合理的职业审慎，并作出恰当的专业判断。[2]就我国现状来说，面临的也是同样的问题，所以从行政处罚来看，监管部门在对于中介机构违规行为的认定上，更多的是从程序性事项出发，对中介机构的执业情况进行审查，一是考虑其按照行业相关规定应当"做什么"，二是在"怎么做"上，通过查验中介机构具体

---

〔1〕 例如根据《证券发行上市保荐业务管理办法》，保荐机构应当结合尽职调查过程中获得的信息，对其他证券服务机构及其签字人员出具专业意见的内容进行审慎核查；无专业意见支持时，保荐机构应当获得充分的尽职调查证据。《律师事务所从事证券法律业务管理办法》和《律师事务所证券法律业务执业规则（试行）》要求，律师应当就业务事项是否与法律相关、是否应当履行法律专业人士特别注意义务作出分析、判断，并对与法律相关的业务事项负有特别注意义务，对其他业务事项只需履行一般注意义务。

〔2〕 参见郭雳、李逸斯："IPO 中各中介机构的职责分配探析——从欣泰电气案议起"，载黄红元、卢文道主编：《证券法苑》，法律出版社 2017 年版。

核查方法和程序等来判断其是否勤勉尽责。[1]反过来，中介机构也会辩称已按相关规则和程序进行了核验，据此得出的专业意见在绝大多数情况下是合理的，至于实施程序后仍未发现的问题，超出了其注意义务的范围，不应对此担责。[2]当然，类似抗辩并非总能奏效。在海联讯案中，证监会认为，海联讯的造假手段并不复杂，当事人只要按照相关业务准则进行核查，发现造假的线索并非难事。又如万福生科案中，就平安证券提出的各项抗辩理由，证监会认为抗辩不能成立之原因在于，平安证券未能充分执行关键部分的核查程序，如供货商在不同的采购契约中签名不一致，部分签名与身份证姓名不一致，以及签章名称与工商登记名称不一致，且存在此类不一致问题的契约数量较多，签字盖章不一致问题明显；同时平安证券对其制作的调查笔录记载金额与实际金额存在重大差异的情况也未能审慎核查，属于不勤勉尽责的典型情形。

二、中介机构间执业界限的不确定

将"看门人"责任与侵权责任明确联系起来，在多个独立"看门人"间就形成了相互依存的客观效果。多个"看门人"同时参与一项商业交易，无形中搭建了一个相互关联的防止证券欺诈的网络。在此背景下，对于欺诈

---

[1]　例如，从中国证监会对光大证券、天丰节能的行政处罚书来看，证监会指出，保荐人在执行货币资金尽职调查程序时，应独立获取银行对账单，独立实施函证，对存在明显异常的银行对账单予以审慎核查。在固定资产方面，应对存在明显异常的购置契约和原始单据予以审慎核查，核查固定资产的使用状态、在建工程的施工进度，核查当期新增固定资产的真实性以检验是否存在虚增固定资产的行为。在销售情况方面，应对2010年和2011年前十大主要客户的编制销售额占年度销售总额的比例及回款情况予以关注，对于明显异常的回款凭证予以审慎核查，防止虚构客户和虚增收入的行为。在采购情况方面，应计算主要供货商的采购金额占天丰节能同类原材料采购金额的比例，关注存在明显异常的回函，核查未能成功走访的供货商之实际采购数据，防范虚增采购、虚增成本的行为。在关联交易方面，应独立获得天丰节能关联方财务凭证，披露遗漏的关联交易，及时发现可能存在的掩盖关联交易或通过第三方将关联交易非关联化的行为。

[2]　如在海联讯案中，平安证券认为因为"海联讯故意隐瞒事实，向平安证券提供了与真实文件并无明显差异的虚构契约、验收报告等书面文件。相关虚构契约具备合理的交易背景和成本核算，具有极大的隐蔽性"，所以"保荐人已勤勉尽责，但仍无法通过正常的核查手段发现海联讯故意造假行为"。

发行的遏制可能需要不止一个"看门人"来采取预防措施。更进一步说，"看门人"被视为一个相互关联和互动的防止欺诈发行的网络，而非彼此隔离的存在。但与此同时，多重"看门人"的背后也埋藏着责任不清、界限不明等隐患。一是"看门人"提供的服务相互交叉、重叠、互补，相关职责间的界限已较为模糊。[1]例如，商事律师必须了解并使用会计概念，因为它们影响交易的结构、披露、对价的形式和金额，以及谈判和合规的其他方面。[2]但是由于职责和界限的不明，"看门人"间会较为狭隘地定义自身的专业领域和核查范围。如果确实发生了欺诈发行，多个"看门人"很可能"将相互指责的手指指向其他'看门人'身上"。[3]另一方面，"看门人"的角色、执业标准和界限的模糊不清，以及在交易中特定的专业知识领域和影响范围，可能导致每个"看门人"对其客户和交易都只有少量、零散的了解，并有动机缩小其执业活动范围的动机。"看门人"服务的零散性与客户的干预似乎削弱了"看门人"阻止潜在欺诈发行的能力，[4]这可能造成"看门人"对于公司不当行为监督的漏洞。[5]再者，连带责任下，因为存在多个"看门人"，任何一个"看门人"采取预防措施的好处都可能受到减损。换言之，根据通常的分摊规则，责任将由"看门人"分担。虽然"看门人"之间建立了复杂的风险转移机制，以应对可能的相互依存关系，但对于任何一个"看门人"来说，采取预防措施的好处都可能小于其付出的成本。这使得

[1] See Milton C. Regan, Jr., "Teaching Enron", *Fordham Law Review*, Vol. 74, 2005.

[2] See Lawrence A. Cunningham, "Sharing Accounting's Burden: Business Lawyers in Enron's Dark Shadows", *Business Law*, Vol. 57, 2002.

[3] See Milton C. Regan, Jr., "Teaching Enron", *Fordham Law Review*, Vol. 74, 2005.

[4] 例如2008年美国银行和美林的合并占据了金融媒体的头条新闻，并吸引了国会和监管机构的审查。此前有消息称，美国银行知道美林遭受了巨额损失，但没有向股东充分披露这些损失的信息。根据纽约总检察长的指控，美国银行的律师事务所对美林的损失数量一无所知，建议该银行在股东投票前披露这些损失。据称，该公司随后被银行"边缘化"了有关披露问题的决策。该银行的会计师事务所是参与交易的另一位"看门人"，它注意到了披露问题（因为该公司参与了损失的量化），并建议银行寻求法律顾问的意见。但此时，法律顾问已经边缘化了。See Cuomo v. Bank of Am. Corp., No. 450115-2010 (N. Y. Sup. Ct. Feb. 4, 2010).

[5] See New York City Bar Association, "Report of the Task Force on the Lawyer's Role in Corporate Governance", *Business Law*, Vol. 62, 2007.

一些错误可能会被多个"看门人"采取预防措施来阻止，而一些错误甚至可能被所有"看门人"有意无意地忽略。不确定性一直笼罩着什么样的责任制度会导致"看门人"采取最佳预防措施来阻止公司客户的证券欺诈。

三、连带责任下责任分配的不确定

从法律关系上说，民商事法律关系视野下中介机构的责任承担，可能基于契约关系或侵权法律关系，其与一般意义上的违约或侵权行为并无明显差异。只是在资本市场中，相较于《中华人民共和国民法典》《中华人民共和国合同法》等一般法，中介机构民事责任承担更多适用《证券法》《最高人民法院关于审理证券市场虚假陈述侵权民事赔偿案件的若干规定》等特别规定。从行政处罚决定书具体认定来看，对于中介机构的处罚理由多是"未勤勉尽责"，违法事实是出具的与发行上市相关的档案存在虚假记载，且事实依据多从程序性事项的履行着手。[1]如果说行政处罚尚可依据中介机构出具的文书为界限追究责任并处以罚金，那么当案件进入民事程序后，法律只笼统规定了中介机构间存在连带责任，但不同主体的责任如何界定和分配，存在巨大争议。[2]在投资者基于欺诈发行提起的民事诉讼来看，多将发行人和保荐人列为共同被告，有的也会同时起诉会计师事务所，甚至单独起诉保荐人。作为保荐人的证券公司实力较为雄厚，其责任承担的整体能力较强，[3]所以在民事诉讼中被认为是财力雄厚的"理想被告"。保荐人需通过专项赔偿基金先行赔付的做法虽在某种程度上解决了投资者保护的问题，但就赔付

---

〔1〕 例如振隆特产案中，会计师在核查振隆特产与主要客户的销售情况时"未执行独立函证程序"，由于振隆地产前十大客户大部分为境外客户，"信达证券对境外客户走访不充分，走访中未调取销售契约等相关凭证，在访谈境外客户时未聘请第三方翻译，访谈内容真实性存疑，访谈记录的制作程序存在明显瑕疵"。又如天能科技案中，民生证券对于"天能科技的应县道路亮化照明工程项目、金沙植物园太阳能照明工程项目，以及和谐小区太阳能照明工程项目这三个属于市政工程而必须履行相应的招投标程序未予关注"。

〔2〕 参见郭雳、李逸斯："IPO中各中介机构的职责分配探析——从欣泰电气案议起"，载黄红元、卢文道主编：《证券法苑》，法律出版社2017年版。

〔3〕 参见沈朝晖："监管的市场分权理论与演化中的行政治理——从中国证监会与保荐人的法律关系切入"，载《中外法学》2011年第4期。

该如何进一步追责又成为一个新的问题。在欣泰电气欺诈案中，兴业证券在先行赔付后起诉发行人及其他中介机构，并由此提出了某一中介机构承担民事连带责任后，如何就赔付进行不同主体的责任分担问题，也再次对《证券法》中连带责任下民事责任的分配提出了反思。

四、标准不明下司法裁判的不确定

在责任承担争议的背后，根源在于对中介机构在企业上市中扮演角色的不同认识，投资者对于中介机构"把好关、看好门"的期待与后者对于自身认知与专业能力之间存在差距，而不同执业活动方式之间以及社会角色之间的显著差异，可能会修正甚至改变一般法律原则的适用，且这种既存的差异还会因为资本市场的造假泛滥以及中介机构专业能力的不足而成倍放大，进而导致中介机构法律责任的边界问题迅速凸显出来。[1]同时，中介机构的执业活动不仅是一种社会控制机制，也是法律强制和契约自治双重作用下的履职过程，既面临行业主管机关的技术审查，也承载着投资者对于中介机构"看门人"角色的期望，同样接受着法庭的事后检验。但法律对各中介机构责任承担与分配在连带责任下并未提供更细化的裁判指南，执业行为的基本程序和行业准则也只是提供一个面上的操作框架，这使得抽象性的法律原理只能"牵强"地附着于专业性程度较高的中介机构执业活动之上，进而导致在中介机构民事责任的裁判上具有较大的不确定性。[2]

第四节　中介机构在勤勉尽责要求下的责任厘清

一、关于价值导向：公平分配商业活动风险与收益

无论是发行上市保荐制，还是强制审计制度，中介机构一直处于为满足

---

〔1〕　参见刘燕：《会计师民事责任研究：公众利益与职业利益的平衡》，北京大学出版社 2004 年版，第 20~21 页。

〔2〕　参见陈洁："证券虚假陈述中审验机构连带责任的厘清与修正"，载《中国法学》2021 年第 6 期。

社会需要而努力，却始终无法满足社会期望的被动状态。[1]发行人、中介机构与受损的投资者间以及各中介机构之间的权利义务配置，或者说损失分摊如何才能公平，这是一种随着特定时期的政策变化而有所改变的价值判断，与法律本身的逻辑并无多大联系。可以说，中介机构民事责任承担作为公平合理配合资本市场风险的一种专门机制，更多体现的是一个政策选择的问题，而非法律的逻辑论证。[2]所以对于侵权法逻辑范式起点的注意义务的讨论，其本质上是一个政策问题，而不是一个法律或是会计问题。近半个世纪以来，推动侵权法发展的一个主要因素是对处于弱势的群体提供保护。在资本市场中，保护投资者利益是制度设计与配置的主线，改进中介执业质量就成为扩大中介机构注意义务范围的主要政策考虑。而《证券法》修改中对于中介机构过错推定责任的明确，又使得法官从自由心证的视角追究中介机构的法律责任依然有很大的影响，并逐渐被法官纳入了考察中介机构法律责任的政策背景当中。[3]

另一方面，中介机构承担多大程度的民事赔偿责任既是侵权责任中的重要问题，但同时又不是侵权法所能解决的。侵权法律规范所要厘清的是加害者是否需要对受损者承担责任，并非调整连带责任者之间基于责任分配所产生的债权债务关系。在中介机构是否需要对受损者承担责任的问题上，首先是要考察其是否负有法定或约定的注意义务，以及注意义务的履行情况，这也是后续各中介机构须就一项引起投资者损害的行为承担多大责任的逻辑基础。但注意义务只是侵权责任的分析起点，并没有解释中介机构因执业过失而承担法律责任问题的全貌，各中介机构责任承担，本质上还是一个公平分配商业活动风险与收益的问题。

---

〔1〕 参见谢荣：《市场经济中的民间审计责任》，上海社会科学出版社1994年版，第91页。

〔2〕 参见刘燕：《会计师民事责任研究：公众利益与职业利益的平衡》，北京大学出版社2004年版，第21页。

〔3〕 参见刘燕：《会计师民事责任研究：公众利益与职业利益的平衡》，北京大学出版社2004年版，第95~97、148~149页。

二、关于注意义务：一般义务与特别义务的区分

对于中介机构勤勉尽责的强调和投资者利益保护往往离不开对于欺诈发行的讨论。在欺诈发行中，投资者受损失的根源还是在于发行人经营失败背后的欺诈行为，连带责任虽然有效地保护了投资者利益，但当欺诈发行被揭露时，发行人往往深陷财务困境。此时，相较于发行人，过错程度较轻的中介机构反而可能成为投资者首先"攻击"的对象。责任分配的意义就在于，在发行人、中介机构间分配由于欺诈行为给投资者带来的损失。这又回到了责任承担的逻辑起点：注意义务的承担。

注意义务和注意程度是非常抽象的概念，无论是法律还是行业准则都无法给其下一个准确的量化指标，但即便如此，无论是理论界还是实务界，专家的合理注意义务仍然是判断其是否勤勉尽责的第一法则。在公开发行中，中介机构承担的是一个专家的角色，但由于各自在公开发行中工作职责的不同，加之核查过程中存在交叉引用对方结论的情况，各中介机构对于不同核查事项实质上有着一般注意义务和特别注意义务之分。现代民法对于注意义务采用的是一般标准，即在通常谨慎程度下所具有的注意程度，体现的是一个行业平均水平和普通人的认知标准。[1]而特别注意义务也被一些学者称为高度注意义务。高度注意义务源于其工作的高度的专门性，以及委托人由于缺乏专业知识而对专业人士给予的高度信赖。[2]与一般注意义务一样，高度注意义务同样存在着界定不清的情况，但能肯定的是，负有高度注意义务的专家，其对于风险的敏感性、核查范围和深度一定高于普通注意义务的专业人士。无论是一般的注意义务还是特别的注意义务，其都在外在显示为证券法中所强调的勤勉尽责，亦即普通法上的合理的注意义务。合理的水平需要考虑注意标准不低于其为完成法定职责和约定义务所必需的程度，在执业活

---

[1]　See Epstein, Marc J. & Spalding, Albert D., *The Accountant's Guide to Legal Liability and Ethics*, Homewood: Business One Irwin, 1993, p.18.

[2]　参见［日］能见善久："论专家的民事责任——其理论架构的建议"，梁慧星译，载《环球法律评论》1996 年第 2 期。

动中所保持的合理注意足以使他们对公司经营合规，以及财务信息真实而公允发表意见。

三、关于行业准则：仅为裁判证据而非裁量标准

自 21 世纪以来，行业协会逐渐在如何界定合理注意义务上扮演了积极角色，并陆续通过制定、修订执业准则的形式构筑了行业标准体系，同时也为如何履行专家责任提供了指南。由行业协会根据现时环境制定的准则为法官在中介机构勤勉尽责的裁判，以及合理关注的认定上提供了很大便利。[1] 行业准则为中介机构提供了基本的技术指南，但是准则并非法律规则，执业准则的偏原则性与个案的差异性使得中介机构在具体问题上的判断和核查也体现出多样性，其行为最终是否符合与合理的注意义务相契合，牵出了一个话题，合理注意义务判断的最终话语权。

从某种程度而言，准则可被视为专家意见或是证言，只是作为法官裁判案件的一种证据，案件审理的最终还须依照体现为公众意志的法律规则来进行，当准则与社会公众的普遍观念和意识相脱节时，法官必然会毫不犹豫地拒绝准则对于行为的解释，而将天平朝着公众利益的一方倾斜。[2] 多数情况下，司法实践中合理注意与准则中执业谨慎是一致的。当不一致时，并非意味着职业群体利益与公众利益不可调和，更不是否定专家意见的权威性，而是由于准则对于具体问题的解释方式在个案上与法律规则的契合上产生了一定无法为社会公众接受的偏差，[3] 或者法官对于准则未作出解释或要求的事项给予具体判断。但不可否认的是，目前司法实践尚未做好与行业准则对话的技术准备，准则也尚未真正受到公众意识的检验，所以法官基于对具体职业领域的专业依赖，一般会直接接受审计准则的解释，抑或援引行政处罚决

---

〔1〕 See David Flint, *Philosophy and Principle of Auditing: an Introduction*, London: Macmillan Education Ltd., 1988, p. 146.

〔2〕 参见谢珊珊："注册会计师专家责任研究"，湖南大学 2005 年硕士学位论文。

〔3〕 参见刘燕：《会计师民事责任研究：公众利益与职业利益的平衡》，北京大学出版社 2004 年版，第 206 页。

定书的描述。通常来说，如果监管部门就欺诈发行作出认定，司法机关一般不会在民事案件中另作理解。对于中介机构的行政处罚或类似监管意见，亦会构成中介机构未能履行勤勉尽责义务的有力佐证。[1]

四、关于司法裁判：以职业怀疑和尽调程序为核心

（一）应重点考虑是否保持合理的职业怀疑

无论是保荐人还是会计师，相关执业准则的内容虽然庞杂，但无外乎保持适当的职业怀疑与履行必要的核查程序两方面。相较于客观具体的核查程序，职业怀疑往往过于原则化。中介机构在面对处罚时的辩解往往强调履行了相关程序，而对于职业怀疑和职业谨慎的自证又略显苍白。企业上市交织着多重利益关系，涉及公司管理层、行业主管机关、监管机构等利益主体，中介机构在尽职调查和评价公司财务信息可靠性时，实际上是为彼此存在利益冲突的当事人提供服务的。忠于客户利益的导向，本质上也与职业中立和以公共利益为导向的社会期待产生冲撞。所以在依法履职与丧失客户之间的踌躇中，中介机构一方面强调对于程序的遵循，另一方面其实也在有意回避和淡化职业谨慎与合理怀疑。无论是保荐人尽职调查还是会计师审计活动，都不可能百分之百确认财务信息的准确性，其只是按照各自执业准则的要求在履行相应程序后所作的一整套判断，而不是提供绝对真实且公允的保证。[2]且从准则的适用来看，其也无法解决个案中遇到的具体问题，这就要求中介机构在风险判断、证据收集和推理时保持合理的职业谨慎与怀疑。所以司法裁判对于中介机构是否勤勉尽责的考察，不应仅体现在中介机构对于程序性要求的满足，而应重点考察其是否保持职业怀疑和职业谨慎，此乃法律上注意义务的真正内涵，也符合公众对于中介机构执业行为的合理预期。

---

[1] 参见湘财证券、北京市天同律师事务所："债券违约情景下承销商虚假陈述民事责任及风险防范研究"，载《中国证券》2020年第4期。

[2] See David Kent, Michael Sherer & Stuart Turley, *Current Issues in Auditing*, London: Paul Chapman Publishing Ltd., 1997, p. 4.

（二）应关注是否对"危险信号"设计针对性的尽调程序

中介机构对于已尽责履职的抗辩需要"精巧"的事实密集型调查。相较于对于程序性动作的关注，司法裁判中可以关注中介机构对于导致欺诈发生的"危险信号"是否准确识别，并设计实施针对性的尽调程序。借鉴美国法律中的"红旗规则"（red flag），"危险信号"可被定义为在发行人从事了损害投资者利益的不当行为后，引起中介机构注意的事实，以及作为使中介机构对于发行文件中信息披露的真实、准确、完整丧失信心的任何信息，包括但不限于投入产出不匹配、财务资料间勾稽异常、隐瞒重要的银行流水等。[1]"危险信号"将使中介机构有理由相信发行人信息披露是不准确的，并要求中介机构更深层次地核清楚、问明白，只有这样才能被视为进行了合理尽调。未对"危险信号"充分识别并追加针对性尽调程序可以对抗中介机构关于尽责履职的任何抗辩。这对于中介机构责任的承担和分配至关重要，同时也涉及一方中介机构是否以及何时可以依赖另一中介机构的核查结论。换言之，一个"看门人"必须在多大程度上核实另一个"看门人"的工作才算是尽到了合理尽调的义务。特别是在存在"危险信号"的情况下，中介机构有义务对于相关事项的真实、准确、完整进行充分调查，包括聘请自己的专家来判断尽调工作的充分性，而非简单援引其他中介机构的核查结论。此时，一般注意义务就可能上升为特别注意义务。

（三）交叉引用下的责任分配

对于各中介机构而言，作为资本市场的"看门人"，每个机构在证券发行中都有特定的专业领域和职责定位，加之在掌握和获取信息的方式上也各不相同。因此，各"看门人"可能需要依靠其他"看门人"的信息或建议才能发挥作用。[2]在中介机构提供上市服务的过程中，对于发行档的核查验证职责存在重叠，实务中中介机构间存在大量援用对方核查结论的情况，或

---

[1] See Andrew F. Tuch, "Multiple Gatekeepers", *Virginia Law Review*, Vol. 96, 2010.

[2] See Michele DeStefano Beardslee, "The Corporate Attorney-Client Privilege：Third-Rate Doctrine for Third-Party Consultants", *Southern Methodist University Law Review*, Vol. 62, 2009.

是“搭便车”地在对方核查程序中留痕。[1]由于中介职能和专业分工的差异，赋予中介机构对其他专家的“合理信赖”是国际上通行的做法，这也是实行保荐制度的证券市场中的既有实践。在美国，虽不实行保荐制度，但在企业上市的过程中，中介机构间能就相关专业性工作的开展形成事实上的委托关系，中介机构间可以相互引用意见来进行申报和披露，有时还需要支付费用。[2]我国法律对中介机构交叉引用对方核查结论的规定较为分散，各规定虽表述不同，但核心在于一点，即中介机构对于本专业的意见负有特别注意义务，对本专业之外的事项负有一般注意义务。规则上虽有一般注意义务和特别注意义务之分，但区分标准不明晰，责任分配也不明确。例如律师在引用审计报告的财务数据时，无须关注相关会计处理的合规性，在未发现明显疑点的情况下可以直接引用作为依据，以尽到一般注意义务。若发现明显缺点，但在会计处理合规性并非其专业领域的情况下，律师该履行何种注意义务、承担何种责任，存在一定探讨空间。

---

〔1〕　例如万福生科案中，平安证券“未审慎核查其他中介机构出具的专业意见，未能发现万福生科涉嫌造假的内容”，在湖南博鳌律师事务所提供的相关的材料中，存在“供货商签名与身份证签名不一致、销售契约鉴证日期早于签订日期、销售契约客户印章名称与工商登记名称不一致”等情况，平安证券未能结合尽调中获得的数据对上述材料审慎核查。对于财务数据，平安证券“直接引用万福生科经审计的财务报告，未全面审查报告期内财务状况、财务资料的真实性”，未履行尽职调查、审慎核查义务。又如欣泰电气案中，兴业证券“直接引用会计师事务所审计工作底稿，且对审计工作底稿未能审慎核查”。东易律师事务所“工作底稿中留存的对主要客户的承诺函、询证函、访谈记录，大多数直接取自兴业证券”。再如振隆特产案中，信达证券“相关材料全部引用了会计师的存货盘点档。同时，未对会计师存货盘点工作的合理性、准确性、完整性进行审慎核查和独立判断”。

〔2〕　参见郭雳：“证券市场中介机构的法律职责配置”，载《南京农业大学学报（社会科学版）》2011年第1期。

第十一章

私人参与：非上市公众公司治理中的有奖举报

信息披露的真实性、准确性和完整性是非上市公众公司治理的重要方面。但是在以信披问询为主的非现场监管方式下，相关问题发现难、取证难等客观实际，对有限的监管资源提出了严峻的挑战。受制于人力、物力和技术手段，监管者凭一己之力实现完全有效的监管是不现实的。在此背景下，"全民监督"显得尤为重要和必要。从公司治理的执法角度出发，构建并完善多方参与的有奖举报制度，可以有效弥补证券监管工作的不足，降低监管成本，并对市场中公司治理乱象起到震慑作用。

第一节　证券监管中有奖举报制度的实施背景

一、有奖举报制度的诞生背景与历史沿革

近年来，中国资本市场法治建设增速明显。但随着金融市场的纵深发展，证券违法行为的数量也日趋渐长，行为的隐秘度以及复杂程度逐步提高。基于对违法违规行为"零容忍"的理念，从法律、行政法规、部门规章，再到监管机关相继出台的意见、通知等规范性法律文件，针对证券违法违规行为的法律规制和惩处力度也在加大。然而，看似严密的监管防线背后，并未给胆大妄为的违法违规者以足够震慑，违法违规行为频发与证券监管执法资源有限性之间的矛盾愈发显著。作为制约执法效率和影响监管有效性的重要因素之一，监管资源的匮乏呼唤着一种公私协同执法机制的建立。如何提高证券监管执法的有效性来满足市场规范运行的需要，是摆在监管者

面前的一大难题。借鉴美国证券违法举报的罚没款分成机制，恰当运用体现杠杆化趋势的监管执法的"巧实力"，调动市场主体的积极性并将其转化成为监管执法所用的私人监督者，可以显著提高证券违法行为人的违法成本，也将起到倍增执法效能的作用。

2014 年 6 月 27 日，证监会发布了《证券违法行为举报规定》，对于内幕交易或利用未公开信息交易、操纵证券或期货市场、信息披露违法违规、欺诈发行证券等行为，知情人都可以通过实名举报的方式获得一定数额的物质奖励。至此，域外市场早已普遍采用的有奖举报制度终于在中国证券市场法律体系中"落地生根"。在 2019 年《证券法》的修订中，对证券违法行为的有奖举报又首次上升到法律层面，并从三个方面对有奖举报制度予以规定：一是任何单位和个人有权对涉嫌证券违法、违规行为向国务院证券监督管理机构举报；二是对涉嫌重大违法、违规行为的实名举报线索经查证属实的，证监会按照规定给予举报人奖励；三是证监会应当对举报人的身份信息保密。

二、以信息披露为核心的治理监管中证券执法是关键

从改革方向来看，随着全国股转系统挂牌公司分层管理制度的实施，非上市公众公司在监管中强化以下三方面的要求：一是建立以市场主体担责、中介机构勤勉尽责的全市场参与体系；二是着重以投资者需求为导向、以信息披露为核心的机制构建；三是加强监管部门的持续性监管并加大对违法行为的事后追责力度。在上述要求中，以"真实、准确、完整、及时"为着力点的信息披露是关键。反观长期以来实行股票发行注册制的美国，其在实践中贯彻的是股票发行"双重注册制"。SEC 认为，其所起的作用是"帮助发行人提供充分而公平的信息披露，使投资人得以在充分信息条件下进行投资决策，同时也关注发行人财务会计处理是否符合国际会计准则（GAAP）以及招股说明书中财务与非财务信息披露的充分性"[1]。只要发行人全面、

---

〔1〕 参见潘妙丽、张玮婷："从年报审核看中美上市公司持续监管"，上海证券交易所 2014 年内部资料。

真实、准确、完整地进行了信息披露，就可以公开发行证券。鉴于非上市公众公司以信息披露为核心的治理监管以及挂牌公司在企业规模、治理结构等方面的特点，为保证市场健康有序运行，加强非上市公众公司信息披露监管成为监管部门首先要解决的问题。然而，在有限的监管资源下，对于挂牌数量高峰时数以万计的公司，如何摸排其治理情况，又如何识别可能存在的信息披露不准确、不完整等问题，是摆在监管者面前的一道难题。

在推进全国股转系统改革的过程中，既不能盲目照搬域外制度，也不能搞"单兵突进"，而是应该将相关配套制度同步推进。具体来说，随着全国股转系统与北交所对接通道的打开，市场在提高融资效率的同时，将不可避免地造成一定程度的扩容。监管对象的增加、监管压力的加大，都在考验着不断提升的监管要求下有限的监管资源的承受力。如何合理配置监管资源并提高监管效能，是在监管转型下全国股转系统所面临的重要考验。

第二节　关于有奖举报立法旨意的探查

一、私人举报涉入行政监管的立法依据

立法依据的确定，事关制度设计的思路、架构、内容。从法学视角而言，证券监管中私人举报的立法依据大致有"权利说"和"权利义务综合说"两种学说。在"权利说"的学者看来，私人举报源于宪法上的监督权，但这多指对国家机关工作人员的举报。[1] 在"权利义务综合说"学者看来，举报既是公民的权利，也是公民的义务，多指向包括国家机关工作人员在内的，对任何违法行为的举报。[2] 在我国，以向行政机关举报为代表的对法律实施的私人监督是一种重要的宪法上的权利，同时也是一种法定义务。但同时，私人举报的立法根源又较为复杂。对国家机关工作人员的举报是《中华人民共和国宪法》（以下简称《宪法》）第41条公民监督权的表现。但如

---

〔1〕　参见赖彩明、赖德亮："加强公民举报权的制度保障"，载《法学》2006年第7期。

〔2〕　参见汤啸天："举报人的权利与我国《举报法》的制定"，载《人民检察》2004年第1期。

果是公务员就内部不当行为的举报，因为涉及对内部举报是否属于其法定义务的判断，所以这类举报行为的性质尚未有明确定论。美国联邦最高法院在2006年"塞巴洛斯案"中就认为，如果政府公务员基于其职务身份举报，因为所举报的内容与其职责有关，所以因此被其所服务的机构解雇的，不可以寻求宪法的保护。[1]事后虽然国会迅速通过法案以消除上述案件的影响，但小布什总统却对此法案发动否决权。直至2012年奥巴马总统签署《揭发者保护加强法》（Whistleblower Protection Enhancement Act of 2012）后，才将保护的范围扩大到联邦职员。其实，从20世纪70年代开始，学者们在对各国公法实施问题的研究中一个重要方面就是私人监督与公权力监督的关系以及公法框架下私人的诉权。[2]如何将证券监管中私人举报与公权力监督联系起来，寻求公私合力执法体系搭建的法理依据与制度的正当性，就成为有奖举报制度入法，以及制度顺利推行的保障。

二、有奖举报背后的监管逻辑：法律实施中的私人监督

法律实施是社会关系的参与者在出现法律规范所调整的法律事实的情况下，按照法律规范的要求所建立起的权利和义务关系的活动。[3]其中，守法、执法、司法和法律监督是法律实施的主要途径。同样，在英美法系语境下，虽然与我国关于法律实施的定义不同，但从其所包含的包括监督被法律约束主体的行为、对违法行为起诉、对是否违法作出裁判、对违法者进行惩处在内的可供细化研究的内容中，也可以看出法律监督在法律实施中的重要作用。根据中国社科院法学所编纂的《法学辞典》对于法律监督的阐述，其一方面可以被解释为实施监督法律的行为，另一方面也包含着对法律实施的监督。[4]

---

〔1〕 See Garcetti v Ceballos, 547U. S. 410, 410, 2006.

〔2〕 See William E. Kovacic, "Whistleblower Bounty Lawsuits as Monitoring Devices in Government Contracting", *Loyola of Los Angeles Law Review*, Vol. 9, 1996.

〔3〕 参见李俊峰："法律实施中的私人监督——'罚款分享'制度的经验与启示"，载《社会科学》2008年第6期。

〔4〕 参见中国社会科学院法学研究所法律辞典编委会编：《法律辞典》，法律出版社2003年版，第272页。

从狭义上说，法律监督多出现在国家机关依照法定程序和权限所为的对立法、司法、执法的合法性和合理性的监督活动。但从广义而言，也是从法律实施的制度规范角度来看，在法律监督中，以社会组织和公民为代表的社会力量的监督是不可缺少的一个方面。英美法系也认为，法律监督是一个公权与私权交融、混合交错的综合体。只有将国家机关监督和社会力量监督有机结合，才能构成一个完整的法律实施监督体系。[1]国家并非法律监督的专断者，我国法律也同样认可私人监督的概念。包括私人、社会团体等在内的私法主体是法律所允许的对国家、对其他私人的违法行为以及违法信息的发现者和法律监督的发动者。[2]对此，我们可以认为，私人监督是作为违法行为案外人的私权主体对违法行为人违法行为的监督，包括但不限于发现违法行为、收集违法信息、采集违法证据，并提供给公权力机关供后者进行追究法律责任的行为。几千年的中华文明一直在道义上鼓励私人监督，但依靠道德驱使的监督行为却因无法提供足够的补偿和激励机制而在现实生活中"举步维艰"。虽然应该对私人参与共建公私合力的监督和执法体系大加褒奖，但若制度的设计仅仅是建立在对个人道义主义的非理性期待上，那么就完全丧失了制度规范本身所应具有的意义。[3]

三、私人参与分享执法权的法与经济学分析

（一）私人参与分享执法权的法律解释难题

在域外实践中，违法行为举报者具有监督并调查违法行为、代表政府起诉、分享罚款和赔偿等兼具公权和私权双重属性的权能。这种公私共同参与

---

〔1〕 参见沈宗灵主编：《法学基础理论》，北京大学出版社 1994 年版，第 452 页。

〔2〕 例如《宪法》第 41 条规定，中华人民共和国公民对于任何国家机关和国家工作人员，有提出批评和建议的权利；对于任何国家机关和国家工作人员的违法失职行为，有向有关国家机关提出申诉、控告或者检举的权利，但是不得捏造或者歪曲事实进行诬告陷害。《中华人民共和国刑事诉讼法》（以下简称《刑事诉讼法》）第 110 条规定，任何单位和个人发现有犯罪事实或者犯罪嫌疑人，有权利也有义务向公安机关、人民检察院或者人民法院报案或者举报。

〔3〕 参见〔日〕田中英夫、竹内昭夫：《私人在法实现中的作用》，李薇译，法律出版社 2006 年版，第 10 页。

分享执法权的做法可以被理解为执法权在公共机关和私人之间以一种恰当的方式分配和共享。[1]从法律对于执法的定义来看，法律是国家垄断的行为规范，只有国家的司法和行政机关及其工作人员依照法律程序，才能在其职权范围内将合适的法律规范运用到具体的社会关系中去，私权利主体却只能作为被执法以及守法的主体而无法在法律执行中发挥应有的作用。尽管很难解释清私人在罚没款分成中的行为和权力性质，公私共享执法权以及执法权私有化的做法在传统公权、私权二分法看来难以想象，甚至在某些法学家眼中可能是过于激进且顺着历史轨迹倒退的，但这样一种理论上的阐述困难并没有妨碍实践中制度的顺畅执行。并且正是由于这种私人在法律实施和法律监督中角色的异化，而给法律实施带来了活力。在传统法学理论无法为私人参与公权力执法提供太多的论证支撑的背景下，若从法经济学视角来揣摩该制度的内涵，大致能得到较为恰当的解释路径。

（二）执法权分享的法经济学解释

在经济学家们看来，执法权的法律归属并不是一个问题，在古代社会，并不存在任何公诉机关。肩负履行公共管理职能的政府部门组织还不够健全，法律也常会赋予公民以政府名义执行某些公权力职能，以弥补政府执法能力和执法力量的不足。[2]可以说，法律实施的最初形态就是依靠私人执行，警察实质上只是被允许的私人法律实施者，其所具有的公共性也仅是名义上而已，[3]如何寻求执法效益和效率的最大化才是制度探查的着眼点。[4]经济学家们认为，执行法律的社会成本与收益并不会影响到公共机构的自身利益。既然执法者不能够从降低执法成本、提高执法效率中受益，也不会因为不积极作为而受到利益上的减损，那么其在执行法律上漠不关心或是缺乏

---

〔1〕　参见李俊峰："法律实施中的私人监督——'罚款分享'制度的经验与启示"，载《社会科学》2008 年第 6 期。

〔2〕　参见蔡巍："美国'公私共分罚款之诉'及其评析"，载《法商研究》2007 年第 4 期。

〔3〕　参见［美］理查德·A. 波斯纳：《法律的经济分析》（下册），蒋兆康译，中国大百科全书出版社 1997 年版，第 780 页。

〔4〕　参见徐昕："法律的私人执行"，载《法学研究》2004 年第 1 期。

效率就有因可循了。[1]所以要想在现有社会背景下寻求执法效率的提高，一个切实可行的路径就是扩大执法的主体范围并给以激励，将执法权恰当地在公共机关与私人间分配。若私人执法主体能够从执法效率提高中持续获得利益，这样一来，执法者的利益就能更好地与全社会利益协调并保持一致，有助于最佳执法效果的实现。[2]

第三节　我国证券监管中有奖举报制度的实施现状

一、有奖举报制度的总体实施情况

包括不实披露、虚假陈述、大股东资金占用等在内的证券市场违法违规行为一直是各国监管当局打击的重点，但是证券违法行为的专业性、隐蔽性和多样性使得对其查处的及时性和有效性常常得不到保障。目前在我国，对证券违法行为查处的有效性和执法效率还不能完全适应监管和市场需要，突出表现为在调查和取证上的困难，这就对扩大违法线索的搜集来源提出了更高要求。自 2001 年《关于有奖举报证券期货诈骗和非法证券期货交易行为通告》颁布实施以来，证券监管领域的有奖举报制度实行了二十年有余，但由于缺乏足够的物质激励，实践中反响平平。不过近几年来，随着证监会一系列举措的推出，证券违法举报数量有了明显的提升。在机构安排上，证监会证券期货违法违规行为举报中心（以下简称"举报中心"）设有专门网站和人员对举报人的信访举报线索进行认真分析处理。举报人可以通过中国证监会互联网站开通的举报专栏、信函、来访和电话等方式向举报中心举报。除举报中心外，中国证监会各派出机构也受理和处理举报工作。对于违法事实比较明确、案情重大的线索，直接提请立案稽查；对于事实不够清楚，但违法嫌疑较大的线索，首先责成相关方面进行核查或非正式调查；对

---

〔1〕　参见桑本谦：《私人之间的监控与惩罚——一个经济学的进路》，山东人民出版社 2005 年版，第 167 页。

〔2〕　See Mark A. Cohen, Paul H. Rubin, "Private Enforcement of Public Policy", *Yale Journal on Regulation*. Vol. 3, 1985.

属于日常监管及超出证监会职责范围的线索，转证监会信访部门统一转办处理。有数据显示，自 2014 年 6 月 27 日证监会发布并实施《证券违法行为举报规定》以来，举报者积极踊跃。截至 2014 年 7 月 13 日，举报中心收到各类举报材料 494 件，其中网络举报 400 件、信函举报 24 件、电话举报 66 件和来访举报 4 件。其中，反映上市公司信息披露、内幕交易、操纵市场、欺诈发行违法违规事项的分别为 75 件、25 件、45 件和 2 件。[1]虽然近几年相关举报数据未正式公开，但从相关部门了解到，交易所和证监会近年来收到举报的数量呈持续攀升的态势，且相当一部分是与公司治理和信息披露有关的，其中既有线索明确，证监会相关部门进一步核实的，也有无相关证据的模糊线索，抑或是恶意举报的案件。

二、有奖举报实施在制度层面的反思

从监管现状来看，对违法违规行为的举报越来越成为证券监管执法的重要线索来源。但与美国等发达国家相比，由于我国相关法律制度的不完善，举报人的积极性不高，监管部门通过知情人举报来获取相关线索和证据的比例依然偏低，这也是导致违法违规行为屡禁不绝的一个重要原因。反思证监会关于有奖举报制度的规定，存在以下几个主要问题：一是立法层次较低；二是奖励条件及梯度规定模糊；三是奖金采用限额制，且奖励金额偏低；四是规定有奖举报须实名制，对举报人保护的反报复和保密条款不完备；五是奖金来源不明确。总体而言，目前有限的监管资源仍无法满足资本市场发展的需要，因此有必要将投资者、中介机构等证券市场中的民事主体纳入其中。扩大公众舆论监督在证券执法中的作用，扩充证券稽查的线索来源。以有奖举报制度鼓励公众力量参与监督，从而实现监管效能的最大化和落实《证券法》所倡导的"公开、公平、公正"原则。

---

〔1〕　参见中国证监会："证监会通报证券期货违法违规行为举报中心受理举报线索相关情况"，证监会 2014 年 7 月 18 日新闻发布，http://www.neeq.com.cn/release/200007240.html，最后访问日期：2019 年 7 月 7 日。

第四节　美国有奖举报制度的经验借鉴

一、《反欺诈政府法》开启了美国有奖举报制度的先河

（一）"罚没款共分之诉"的制度起源

在政府监管中采用举报奖励制度并非新鲜事，这在域外实践中早已实行。作为打击商业违法违规行为的重要武器，有奖举报制度在域外社会中的被接受度越来越高。该制度最早起源于 13 世纪英国社会中的"公私共分罚款之诉"，也被称为"罚没款共分之诉"。在 13 世纪的英国，根据当时法律规定，罚没款共分之诉授权受损害的私人代表自己和国王在仅审理与皇家利益有关的案件的皇家法院起诉，实质上是为个人提供了将私人之间诉讼提交皇家法院审理的机会。但从 14 世纪开始，英国逐步放弃了对皇家法院审理案件范围所作的限制，罚没款共分之诉被变相废止。不过就在此时，英国国会又以新立成文法的形式将此种诉讼明文确定了下来，并成为其他国家相关制度制定的基础。[1]

现当代的罚没款共分之诉又以美国为代表，其最初主要运用于政府采购中，对可能发生的腐败、欺诈等行为的预防和治理，意在维护政府的财政资金不受非法侵蚀。作为公益诉讼的典型代表，罚没款共分之诉从诞生之日就被成文法所固定，而非经判例一步步发展成为全社会共同遵守的行为规范。虽然无证据证明美国于殖民地时期就已出现罚没款共分之诉，但在当时确实存在几部关于"告发人诉讼"的成文法。在《美利坚合众国宪法》被批准生效后的十年间，美国国会陆陆续续通过了十部涉及罚没款共分之诉的成文法。[2]随着机构的完善和制度的健全，美国政府逐渐收回了散落在各成文法中的有关罚没款共分之诉的规定，最后只有《反欺诈政府法》（False Claims Act）这一部成文法得以保留了下来。

---

[1] See Trevor W. Morrison, "Private Attorney General and the First Amendment", *Michigan Law Review*, Vol. 103, 2005.

[2] See Harold J. Krent, "Executive Control Over Criminal Law Enforcement: Some Lessons from History", *The American University Law Review*, Vol. 38, 1989.

（二）以"qui tam"条款为核心的《反欺诈政府法》立法历程

《反欺诈政府法》制定于 1863 年，在其国内也被译为《虚假申报法案》《民事欺诈给付请求法》等。该法源于美国内战期间因承包商肆无忌惮地将年迈有病的马匹、不合格的弹药、劣质的食品出售给政府军方，作为对此不法行为的回应，美国国会于 1863 年通过了《反欺诈政府法》。《反欺诈政府法》之所以在美国国内以及境外引起广泛关注，很大程度上是因为其中的"qui tam"条款。这一源于拉丁文的概念通常被译为"告密者诉讼""公益代位诉讼"等。这里发起"qui tam"行动的告密者也就是我们俗称的"吹哨者"（whistleblower）。[1]

关于罚没款共分之诉的规定历经建立初期的"滥诉期"、20 世纪中叶的"销声匿迹期"和 20 世纪后半叶的"渐入佳境期"，直至 1986 年《反欺诈政府法》修改后，罚没款共分之诉开始焕发活力，并成为各州纷纷效仿制定相似法律规范的蓝本。[2]之后又于 2009 年和 2010 年两次修订，以"罚没款分成"为核心的举报激励机制得以逐步强化。此外，在 1934 年《证券法》第 21A 条（e）规定中也明确，在 SEC 或者司法部长依据本条款收缴的罚款中，应当将 SEC 认为适当的且不超过 10% 的罚款支付给除监管机构、司法部和自律组织的成员，以及除涉案企业的高管及员工之外的信息提供者。该款项的支付与否、支付对象和数额，均由 SEC 酌情决定。

（三）《反欺诈政府法》中"罚没款共分之诉"的制度构建

《反欺诈政府法》在原告资格、受案范围、证明标准、政府角色、保护和奖励措施等方面搭建了对罚没款共分之诉的总体规范框架。在原告资格上，包括政府雇员在内的任何内部或外部人都可以基于所知晓的第三人欺诈信息向法院提起诉讼，但法律又同时规定了政府诉讼在先、一事不再理、公共披露限制三种例外情形。在受案范围上，如果被诉方主观上具有故意、客观上因为虚假或是欺诈事实获得政府的批准或是金钱支付的话，适格的主体

---

〔1〕　参见曹明德、刘明明："论美国告发人诉讼制度及其对我国环境治理的启示"，载《河北法学》2010 年第 11 期。

〔2〕　参见章海珠："美国共分罚款之诉剖析及其启示"，载《人民检察》2011 年第 21 期。

都可以去法院提起罚没款共分之诉。就证明标准而言，在 1986 年《反欺诈政府法》修改后，罚没款之诉的证明标准已从原有的"清楚并令人信服"降至"优势证据原则"，二者的差异在于前者是审理民事、行政案件中关于重要事项的证据审查标准，而后者是关于民事诉讼的一般证明标准，此种变革更有利于对原告诉讼请求的支持。[1]

在罚没款共分之诉中，原告须依照法律规定在将证据材料递交司法部后对所涉内容保密，由司法部就上述证据及案件进行调查。调查后政府可以选择作为共同原告加入此诉讼中去，也可以选择不介入此类案件，但保留撤销案例受理的权力。这在一定程度上降低了滥诉发生的可能性。在对原告的救济措施上，对原告按一定比例分享追讨所得资金的做法成为其与一般公益诉讼的一大差别，后者仅就律师费和诉讼费进行返还。此外，原告所获奖励的比例还因司法部是否参与而有所不同，考虑到原告对诉讼的贡献度，凡是由司法部参与的案件，原告所获奖励的比例大约比司法部不介入的案例低 5 个~10 个百分点。[2]可以说，美国这一罚没款分成制度的推行，有助于提高公众打击证券违法行为的积极性，增强市场透明度并促进资本市场的规范发展。

二、《多德-弗兰克法案》对于有奖举报制度的延伸

（一）证券监管中"罚没款分成"机制的形成背景

2008 年以来一系列的调查和案件表明，以内幕交易和价格操纵为代表的证券违法行为已成为"在华尔街赚大钱"的潜规则。2010 年美国反虚假财务报告委员会下属的发起人委员会（COSO）也指出，欺诈在违法行为发生的深度和广度上仍在增强，在行为方法上没有实质性改变，传统的公司治理也限制了预测和发现欺诈的可能性。[3]针对泛滥的证券违法行为，监管当

---

〔1〕 参见吴杰："英美法系民事诉讼证明标准理论基础研究"，载《法律科学（西北政法学院学报）》2003 年第 4 期。

〔2〕 参见李俊峰："法律实施中的私人监督——'罚款分享'制度的经验与启示"，载《社会科学》2008 年第 6 期。

〔3〕 参见李虹："美国证券违法举报者'罚没款分成'机制及借鉴"，载《证券市场导报》2012 年第 12 期。

局研究后发现，证券违法主体以接触内部信息的专业人士为主，以资源优势型违法为主要类型。在违法行为的具体表现上，体现出违法手段复杂多样，且具有高隐秘性的特征。与此同时，内部人举报又是监管当局在获得违法信息和证据上的主要来源，但总体而言举报人的积极性偏低。[1]数据显示，大约2%的雇员愿意向政府部门报告雇主的违法行为，差不多40%的知情雇员对违法行为完全保持沉默，只有0.27%的知情雇员表示愿意直接向监管机构报告。[2]在此背景下，完善对知情人就违法行为举报的保护与激励机制，将有助于破解证券违法查证难的困境，这就是证券监管中"罚没款分成"机制的形成背景。

（二）《多德-弗兰克法案》有关"罚没款分成"机制的内容

1. 新法案对举报奖励的金额和范围都做了适当扩大

以《反欺诈政府法》为模板，美国国会于2011年在《多德-弗兰克法案》（the Dodd-Frank Act）第748条和第922条中，修改了《商品交易法》第23条和《证券法》第21F条的内容，许诺向举报违反联邦证券法规的行为并提供实质性信息的个人发放奖励，且相比于金融监管改革前的规定，奖励金额和举报范围都做了适当的提升和扩大。根据"新举报机制"的规定，如果举报人提供的举报信息能让SEC收集到证券法律触犯者的犯罪证据，那么举报者将会拿到报酬。具体标准为，提供原始信息、并最终促成SEC成功执法行动的"告密者"，可获得包括相关监管诉讼或股东诉讼总额超过100万美元罚金的10%至30%作为奖励——这意味着，每一位成功的"告密人"，将至少获得10万到30万美元。[3]而随着诉讼和解费的不断增加，这一奖金甚至可能高达数千万美元。为落实该项政策，SEC又专门设立了"揭发者办公室"并扩大了举报范围。新的金融监管改革法案不再将举

---

〔1〕　See Association of Certified Fraud Examiners, *Report to the Nations on Occupational Fraud and A-buse*（*2010 Global Fraud Study*）, 2011, pp. 4-23.

〔2〕　参见李虹："美国证券违法举报者'罚没款分成'机制及借鉴"，载《证券市场导报》2012年第12期。

〔3〕　参见苏舟："华尔街 告密有奖"，载《国际金融报》2010年08月11日，第04版。

报人的举报范围限于内幕交易，有关市场操纵、财务信息不透明和上市信息作假等证券违法行为都可以通过有奖举报制度使举报人获得相应的奖励。

2. 明确了对举报人权益保护的相关条款

为了确保举报人不因举报行为致使自身权益受不当减损，《多德-弗兰克法案》明确了对举报人保护的反报复条款、保密条款和相关程序性条款。根据法案的规定，雇主不得对举报人施加不当的解雇、降级、停职等报复行为。任何有报复意图并对举报人采取加害行为或干涉其合法雇佣或生活的人，都将被处以罚金和限制人身自由的刑罚。而举报人可以聘请律师作为代表，进行匿名举报。除非有特殊规定，监管机构不得披露可能致使举报人身份暴露的相关信息。在程序上，法案也不强制要求举报人在向监管机构举报前，首先向公司内部合规部门报告。

第五节　关于有奖举报制度完善的政策建议

美国近三十年来的司法实践表明，建立执法权公私共分的体制在某些法律的实施上起到了良好效果。鉴于法系、国别、历史传统等方面的差异，一味照搬域外制度可能会产生"橘生淮南则为橘，生于淮北则为枳"的顾虑，但对于其中的一些普适性经验，仍值得吸收式借鉴。在证券监管中推行有奖举报制度，对于监管资源的节约、违法线索的获取、监管效率的提高等确有良好的促进作用。不过要想让这一工具真正成为"治市利器"，仍有待制度设计的进一步细化和合理化。另外，在目前有奖举报风险尚难把控的情况下，建议针对搜集证据难度较大的单个稽查或举报核查事项，公开有奖征集举报，在积累了一定的经验后再广泛铺开。

一、厘清有奖举报制度的正当性判断标准

（一）对举报内容真实性的审查

举报内容的真实性是举报行为正当性的基础。因此举报人必须通过资料和证据的搜集对举报事项加以证明。但是不同举报人在证据搜集上的能力存

在天然差异。公权力机关在判断举报人所提供线索真实性的时候，应当将举报人信息收集能力的差别进行考虑。只要善意举报人提出了支持其举报内容真实性的一定理由，其举报就当然地具有正当性。不过，其中还要区分诬陷和误信。诬陷是故意捏造虚假信息，意在陷害他人；而误信则是主观上没有陷他人于不义的故意。虽然误信的结果可能导致举报的内容失实，但依然不能因此来否定举报人举报行为的正当性。其原因在于，举报的线索和证据并不足以成为监管机关对涉案企业和当事人进行行政处罚的直接依据，监管机关有义务去审查举报内容的真伪。并且举报人绝大多数并非职业举报人，其自身的地位和处境可能无法获得充分的证据和信息。所以只要举报人出于善意，有理由证明所怀疑的事项并对此进行举报，就不应当承担法律责任。故而对于影响举报行为正当性的举报内容真实性的判断，指的是善意举报人基于一定理由对于所举报内容真实性的内心信服。

（二）对有奖举报目的正当性的把握

有奖举报制度设立的初衷是在维护社会公共利益，并对企业或个人的违法行为进行纠偏这样一个大背景下，给予公私合力执法下积极参与的个人基于举报人可能因举报受到不利对待的一种补偿或是物质激励，而非将举报制度视为掺杂了个人利益的非善意人对涉案主体的报复或泄愤工具。所以对举报目的正当性的审查意在防止举报人通过举报来实现一己私利下的打击报复，避免对整个举报机制正常运转造成破坏。英国《公益披露法》中就要求举报人在进行内部举报时必须基于善意，任何不诚实、意图破坏组织体或是谋求个人私利的举报均被排除在外。[1]而在日本，举报人因发表影响企业形象的言论而被企业解雇的，若该言论是对企业经营活动的批评而非对其违法行为的纠正的话，从现有判例来看，也是不认可对该类举报的正当性。不过此处的非出于个人利益不能进行严格地片面化理解，一定数额的奖励是举报人进行举报的重要行为动因，在服务公益的同时寻求个人利益的满足不应当

---

〔1〕 See Elletta Sangrey Callahan, Terry Morehead Dworkin & David Lewis, "Whistleblowing, Australian, U. K. and U. S. Approaches to Disclosure in the Public Interest", *Virginia Journal of International Law*, Vol. 44, 2004.

被认为是出于一己私利。其实对举报目的正当性的考察还是在于防止恶意举报的发生，在有奖举报的制度设计中，更看重的应当是举报内容的属实与否以及是否对证券法法益进行了侵犯。所以只要举报事项确定真实，涉案主体所为行为被法律明确禁止，举报人的举报就应当被认为带有公益性，并符合举报目的的正当性。

二、相关规则应当就举报方法给予适当指引

在对违法行为的举报中，绝大多数皆是内部人举报。在举报人对相关证据进行固定、转移等过程中，其也要考虑诸多因素。具体而言，内部举报人在将违法证据固定、转移的过程中一定是明示或默示地违反所在企业的雇员从业准则的，在道义上也存有质疑，并且可能因为其这样一种行为方式而遭到企业的惩戒。此时，法律如果能适时就举报手段、方式等给举报人以适当的指引，那么毫无疑问将会增进举报的便利性并提升潜在举报人的积极性。此外，就内部举报和外部举报的优先性、举报程序和纠错机制等，我国立法没有涉及，但域外制度规范却多有关注。大致看来，国外在实践中更倾向通过企业内部建立的自身纠错机制来对举报事项进行处理，即鼓励企业内部通过组建接受内部人举报的部门来对内部举报进行先行核查处理。同时，对外部监督机构和社会舆论等第三方举报也进行制度适用上的区分，对向媒体等社会舆论进行举报持消极态度，或者不予保护，抑或施加严苛的先决条件。

应当来说，内部纠错机制在快速核查问题上确有一定的作用，但问题在于，如果企业本身主观上意在违法牟利，这样一种对内核查不仅没有任何意义，反而给了相关涉案主体以隐匿证据的机会，举报人也会因为曝光而承担被报复的风险。各国实践表明，大多国家机关、企事业单位都建立了内部举报处理机制，与向行政机关举报、向社会舆论举报等一起构成了现有公私合力下的举报体系。不同的举报制度虽然权衡了各方利益和价值诉求，但这给举报人增加了较大的不便利性，会让他们在举报机制的选择上平添了几分顾虑。有学者就指出，过度关注程序的正确与否可能会忽视在揭发不当行为过

程中的公共利益。[1] 所以对于举报方法、举报程序等，现有法律最好在目前较为笼统的规定下进行制度的细化，以增加法律的指引性和可操作性。

三、明确举报奖金来源的两条路径

根据国际惯例，有奖举报的资金来源一般是行政罚款收入的分成。但按照我国目前实践，证券监管部门的罚没款收入要作为财政收入的一部分上缴国库，具体需要开支费用时再按照收支两条线的原则由财政部门拨付，所以包括对举报人奖励在内的证监会各项行政支出都必须事先得到财政部门的核定和批准。从实践来看，有奖举报的资金来源需要进行跨部门的协调，存在一定的难度，罚没款全额上缴财政的做法无疑是有奖举报制度推进中的一大阻碍。就改进方法而言，美国的投资者公平基金制度可能有值得我国借鉴的地方。在证券违法行为的非法收入处置上，美国从 1966 年开始，历经多次判例及成文法的规定，并最终形成了投资者公平基金操作指引。在 SEC vs. Texas Gulf Sulphur 案中，[2] 美国联邦第二巡回法院通过判例创造了内幕交易者"吐出"非法所得的原则；1988 年通过 SEC vs. First City Financial Corp., Ltd. 一案，[3] 又将非法所得"吐出"原则扩大到虚假陈述案件的适用上；1990 年对于证券违法所得的"吐脏制度"被《证券执法救济与廉价股票改革法》所确立，SEC 可以据此将上述违法所得分配给受损失的投资者；在此基础上，2002 年《萨班斯法案》正式设立了投资者公平基金，明确在 SEC 提起的诉讼中，若法院判处行为人交出违法所得或行为人在诉讼和解中同意交出违法所得，且 SEC 也根据该法从行为人处获得民事罚金时，经 SEC 提议或酌情决定，法院可以将该部分钱款加入为补偿受损失的投资者而设立的投资者公平基金中。[4]

---

[1] See Lucy Vickers, "Whistling in the Wind? The Public Interest Disclosure Act 1998", *Legal Studies*, Vol. 20, 2000.

[2] See SEC v. Texas Gulf Sulphur, 401. F. 2d. 849（2d. Cir. 1968）.

[3] See SEC v. First City Financial Corp., Ltd. 890 F. 2d 1215, 1230（D. C. Cir. 1989）.

[4] 参见赵晓钧："借鉴公平基金制度 完善投资者赔偿机制"，载《上海证券报》2013 年 3 月 27 日，第 A07 版。

以此为借鉴，我国可以考虑建立投资者公平基金，将来源于行政处罚和刑事处罚中的罚没收入归入该基金。至于基金的日常管理、分配和运营，可以委托中国证券投资者保护基金有限责任公司来负责。除此之外，还可以在扩大对证监会的立法授权上做文章。对于证券违法行为的行政罚款，允许证监会按照一定比例在满足一定程序后拨付给举报人，以"罚没款分成"机制解决目前奖金来源需要跨部门协调的困扰。

四、关于有奖举报具体制度规范的修改建议

（一）将对内和对外举报区分规范

借鉴域外的做法，可以将证券监管下的举报分为对内举报和对外举报，并进行不同的规范区分。就对内举报来看，举报人在向企业内设机构进行举报时，仅需秉持善意即可；在向适格机关举报时，除了具有善意之外，建议加上一定的合理证据要求，即向适格机关提交足以使后者信服的，被举报案件属于该机关管辖并且举报信息是真实的表面证据。在对外举报中，基于防范不实举报和恶意举报的考虑，可以在善意意思、合理性证据之外，要求举报人就是否因为私利进行举报，是否被雇主施加不利行为，举报内容的重大性、持续性和复发性，证据的牢固性等进行说明，综合各种情况来判断举报内容的合理与否。

（二）增加举报奖励金额

在证券违法行为的调查取证中，私人监督的成本固然比公共机关低，但隐藏在之后的潜在成本不可小觑。其中，举报人所面临的被打击报复的危险就是私人监督的潜在成本之一，且这一潜在成本就举报人来说要比直接成本大得多。若完全依靠举报人的道德自发和无偿自愿行为，会导致私人监督成本与收益显著失衡，长此以往，是对监督动机养成的破坏。内幕交易的知情人往往也是参与人或潜在参与人，具备一定的经济实力。但目前我国实行的1%的奖励标准，最高不超过60万的封顶额度对于承担了很大风险的知情人来说，确实没有足够的吸引力。奖金数额对于举报人来说虽然只是一种激励，但若奖励太低，势必无法弥补举报人所面临的社会风险和精神负担。受

制于人力、物力和技术手段，监管部门要凭借一己之力实现完全有效的监管，很不现实，因而全民监督就显得尤为必要。所以物质奖励作为促使举报人进行举报的关键，不仅要对举报人所承担的私人监督成本加以补偿，还要将这个补偿程度提高到足以抵消困扰举报人的潜在的监督成本承担，以便通过有奖举报的利益导向机制，割裂既有的利益链条，减少各种违法行为的发生。

（三）建立保障举报人权益的临时救济措施

有奖举报制度推行的另一个关键问题是：举报对于举报人来说是有风险的，应该通过什么样的机制来保护举报人的利益和安全？有报道称，SEC 在调查一家公司时，竟将一位举报人身份意外曝光，舆论普遍认为该事件或引发"寒蝉效应"，吓跑举报人。[1]而我国实行的恰恰是有奖实名举报制度。在推进有奖举报制度的过程中，如何避免上述"寒蝉效应"，需要加强对举报人的保护。英国《公益披露法》中提出的临时救济机制值得我国借鉴：对于因举报而遭受雇主不当对待的雇员，法律应给予其以临时救济措施。在内部人因举报而遭受解雇、降薪、调职等不适当对待的时候，可以向适格的行政机关申请临时救济。当后者审查后认为该申请合理的，可以据此向相关涉事企业下达复职、续聘用等命令，给遭受不当对待的举报人以一种快速的救济措施保护。对此，我国应当在关于对违法违规行为的举报规定中明确雇主不得对举报人解雇、降级、威胁、骚扰等方面的反报复条款，以及完善监管机构对于举报人的保密条款。就程序规定来说，在具体受理并裁判的过程中，对于遭受不利对待的行为的性质和原因的举证，应当适用举证责任倒置的原则。类似无过错责任的举证方法，由雇主担负起对举报人所为的行为是不当的举证责任。

---

〔1〕 参见杨晨："证券业有奖举报应力避'寒蝉效应'"，载《证券时报》2012 年 5 月 26 日，第 A002 版。

五、有关有奖举报制度实施的外部保障

（一）提高知情人对于有奖举报的热情和参与度

美国法律文化的传统之一是对私人在法律实施中作用的尊重，其更强调公私合力执法的模式。就我国证券稽查中被举报的违法行为来说，监管者在发现违法行为、搜集犯罪信息、固定相关证据上存在内生缺陷，在不十分完备的内控机制下，没能对证券发行人、中介机构等证券市场参与者的违法行为给予充分关注，再加上人力、物力、财力的不足，这使得私人对于证券稽查的适度参与就成为一个急切的需要。在域外的实践中，虽然美国司法部对于罚没款共分之诉在审查上具有一定的自主介入权和撤销权，但事实上，罚没款共分之诉是一个由知情人主导的公益诉讼，原告可能基于内部人身份等因素掌握监管者所无法触及的关键证据。在有限的精力下，司法部无法介入每一个案件中去，真正由司法部予以撤诉或介入的案件很少。反观我国实际，从鼓励知情人积极参与法律实施效果提升的角度来设计法律条文，可能会让法律执行效果更加积极有效。只有把法律纳入摆脱人治和行政的良性运作之中，赋予知情人以法律运行的启动器，所得的法律体系才能相对独立、自发地运行并显现出强大的生命力。[1]

（二）建立证监会主导下的公益诉讼制度

美国罚没款共分之诉系处于司法部掌控下，我国也可以考虑建立证监会主导下的公益诉讼制度。证监会主导并非其亲自参与，法律授权证监会对于证券违法行为予以全程监控。与此同时，证监会也可以就举报人提起的公益诉讼本着"知情不参与"的原则，鼓励私人投身于对证券违法行为的公益诉讼中去。就公益诉讼本身来看，在我国目前的大环境下，为了防止物质激励诱导下滥诉的发生，公益诉讼制度还是应当同时处于检察机关的掌控中。检察机关应当对基于罚没款共分之诉保留知情权，并有权力决定是否撤销第三

---

[1] 参见王晨光："法律的可诉性：现代法治国家中法律的特征之一"，载《法学》1998 年第8 期。

人提起的诉讼及自身是否作为诉讼参加人参与公益诉讼。在检察机关的参与下，信息来源渠道以及证据的证明力等可得到初步把关，这有利于对于滥诉的预防，在实际效果上也将减轻证券监管部门的压力。

（三）注意对被举报人恶意举报的筛查

高额的有奖举报有可能导致举报量激增，从而令本已有限的监管资源面临严峻挑战。但相比而言，如何避免导致监管资源浪费的恶意和失实举报在有奖举报制度设计中更应关注。从我国的实践来看，在对上市和拟上市公司的舆论监督中，不乏将举报作为不正当竞争手段的情况。这在有奖举报制度出台后，还会出现以获取奖金为目的的捕风捉影似的举报。所以在有奖举报的程序设计上需要对这些问题有较为细致的规定，注意对被举报人恶意举报的筛查，从程序上保护实体权利。一方面是保护举报人的权利，另一方面也不能忽视对被举报人合法权益保护的关注。

参考文献

一、专著

1. 董慧凝:《公司章程自由及其法律限制》,法律出版社 2007 年版。

2. 樊纲:《市场机制与经济效率》,上海三联书店/上海人民出版社 1995 年版。

3. 范世乾:《控制股东滥用控制权行为的法律规制:中国公司法相关制度的构建》,法律出版社 2010 年版。

4. 甘培忠、王冬梅主编:《非上市股份公司运营与治理法律制度研究》,法律出版社 2012 年版。

5. 郭锋等:《金融发展中的证券法问题研究——以金融创新中的法律制度构建为路径》,法律出版社 2010 年版。

6. 何美欢:《公众公司及其股权证券》,北京大学出版社 2000 年版。

7. 胡经生:《证券场外交易市场发展研究》,中国财政经济出版社 2010 年版。

8. 黄辉:《现代公司法比较研究——国际经验及对中国的启示》,清华大学出版社 2011 年版。

9. 黄铭杰:《公司治理与资本市场法制之落实与革新》,清华大学出版社 2013 年版。

10. 黄速建:《公司论》,中国人民大学出版社 1989 年版。

11. 李建伟:《公司法学》,中国人民大学出版社 2008 年版。

12. 刘春长:《中国证券市场监管制度及其变迁研究》,中国金融出版社 2010 年版。

13. 刘俊海:《新公司法的制度创新:立法争点与解释难点》,法律出版社 2006 年版。

14. 刘燕:《会计师民事责任研究:公众利益与职业利益的平衡》,北京大学出版社 2004 年版。

15. 罗豪才等:《软法与公共治理》,北京大学出版社 2006 年版。

16. 罗培新：《公司法的合同解释》，北京大学出版社 2004 年版。

17. 梅慎实：《现代公司机关权力构造论》（修订本），中国政法大学出版社 2000 年版。

18. 桑本谦：《私人之间的监控与惩罚——一个经济学的进路》，山东人民出版社 2005 年版。

19. 沈宗灵主编：《法学基础理论》，北京大学出版社 1994 年版。

20. 苏武康：《中国上市公司股权结构与公司绩效》，经济科学出版社 2003 年版。

21. 苏启林：《家族控制、私募股权投资介入与民营上市公司治理》，经济科学出版社 2013 年版。

22. 孙光焰：《公司治理的理论分析框架与法律制度配置》，中国社会科学出版社 2012 年版。

23. 孙丽：《公司治理结构的国际比较：日本启示》，社会科学文献出版社 2008 年。

24. 万国华：《我国 OTC 市场准入与监管制度研究——基于非上市公司治理视角》，人民出版社 2012 年版。

25. 吴志攀：《金融法概论》，北京大学出版社 2000 年版。

26. 谢荣：《市场经济中的民间审计责任》，上海社会科学出版社 1994 年版。

27. 徐爱国编著：《英美侵权行为法》，法律出版社 1999 年版。

28. 徐进：《闭锁公司的治理：大股东、经营者的责任》，浙江大学出版社 2013 年版。

29. 赵万一主编：《公司治理的法律设计与制度创新》，法律出版社 2015 年版。

30. 张路译：《美国上市公司最新立法与内部控制实务》（中英文对照本），法律出版社 2006 年版。

31. 张维迎：《企业理论与中国企业改革》，北京大学出版社 1999 年版。

32. 郑顺炎：《证券市场不当行为的法律实证》，中国政法大学出版社 2000 年版。

33. 中国社会科学院法学研究所法律辞典编委会编：《法律辞典》，法律出版社 2003 年版。

34. 中国证券监督管理委员会编：《证券立法国际研讨会论文集》，法律出版社 1997 年版。

35. 中国证监会非上市公众公司监管部编著：《非上市公众公司监管工作手册（2014）》，中国财政经济出版社 2014 年版。

36. 朱锦清：《证券法学》，北京大学出版社 2011 年版。

二、译著

1. ［美］阿道夫·A. 伯利、加德纳·C. 米恩斯：《现代公司与私有财产》，甘华鸣等译，商务印书馆 2005 年版。

2. ［英］艾利斯·费伦：《公司金融法律原理》，罗培新译，北京大学出版社 2012 年版。

3. ［美］保罗·萨缪尔森、威廉·诺德豪斯：《微观经济学》，萧琛等译，华夏出版社 1999 年版。

4. ［美］伯纳德·施瓦茨：《美国法律史》，王军等译，中国政法大学出版社 1990 年版。

5. ［美］弗兰克·伊斯特布鲁克、丹尼尔·费希尔：《公司法的经济结构》，张建伟、罗培新译，北京大学出版社 2005 年版。

6. ［德］格茨·怀克、克里斯蒂娜·温得比西勒：《德国公司法》，殷盛译，法律出版社 2010 年版。

7. ［美］哈威尔·E. 杰克逊、小爱德华·L. 西蒙斯编著：《金融监管》，吴志攀等译，中国政法大学出版社 2003 年版。

8. ［日］河本一郎、大武泰南：《证券交易法概论》，侯水平译，法律出版社 2001 年版。

9. 经济合作与发展组织编：《OECD 国家的监管政策——从干预主义到监管治理》，陈伟译，法律出版社 2006 年版。

10. ［美］莱纳·克拉克曼等：《公司法剖析：比较与功能的视角》，刘俊海、徐海燕等译，北京大学出版社 2007 年版。

11. ［美］理查德·A. 波斯纳：《法律的经济分析》（下册），蒋兆康译，中国大百科全书出版社 1997 年版。

12. ［美］罗·庞德：《通过法律的社会控制——法律的任务》，沈宗灵、董世忠译，商务印书馆 1984 年版。

13. ［卢森堡］马克·格尔根：《公司治理》，王世权等译，机械工业出版社 2014 年版。

14. ［波兰］米哈乌·费德罗维奇、［西班牙］鲁特·V. 阿吉莱拉编：《转型经济和政治环境下的公司治理：制度变革的路径》，罗培新译，北京大学出版社 2007 年版。

15. ［美］扎比霍拉哈·瑞扎伊：《后〈萨班斯—奥克斯利法〉时代的公司治理》，陈宇译，中国人民大学出版社 2009 年版。

16. ［日］田中英夫、竹内昭夫：《私人在法实现中的作用》，李薇译，法律出版社 2006 年版。

17. ［法］伊夫·居荣：《法国商法》（第 1 卷），罗结珍、赵海峰译，法律出版社 2004 年版。

三、析出文献

1. 蔡元庆："对我国公司分类模式的思考——从法律适用的视角"，载王保树主编：《商事法论集》，法律出版社 2012 年版。

2. 程茂军："试论上市公司自愿性信息披露的法律规制"，载黄红元、卢文道主编：《证券法苑》，法律出版社 2017 年版。

3. 董炯、覃舸："美国 SEC 执法制度之基本类型"，载北京大学金融法研究中心编：《金融法苑》，中国金融出版社 2005 年版。

4. 郭雳、李逸斯："IPO 中各中介机构的职责分配探析——从欣泰电气案议起"，载黄红元、卢文道主编：《证券法苑》2017 年版。

5. 黄立新等："监管转型背景下公司治理监管路径的现状、问题与对策"，载黄红元、徐明主编：《证券法苑》，法律出版社 2015 年版。

6. 洪艳蓉："公众公司治理机制与新三板市场改革"，载谢庚、徐明主编：《多层次资本市场研究》，中国金融出版社 2019 年版。

7. ［日］金子由芳："亚洲公司治理的理论与现实：从'移植'到本土最优"，唐勇译，载甘培忠、楼建波主编：《公司治理专论》，北京大学出版社 2009 年版。

8. 李建伟："有限公司制度的发展趋向及我国的立法选择"，载赵旭东主编：《公司法评论》，人民法院出版社 2005 年版。

9. 李建伟："非上市公众公司信息披露制度研究"，载顾功耘主编：《公司法律评论》，上海人民出版社 2010 年版。

10. 李响玲、周庆丰："我国场外交易市场的发展及其法律制度的完善"，载顾功耘主编：《公司法律评论》，上海人民出版社 2010 年版。

11. 林益："中国《上市公司治理准则》的软法化研究"，载张守文主编：《经济法研究》，北京大学出版社 2016 年版。

12. ［美］M. V. 爱森伯格："公司法的结构"，张开平译，载王保树主编：《商事法论集》，法律出版社 1999 年版。

13. 毛玲玲："论闭锁公司和公众公司立法范式之区分——合同路径下的公司法修改之一"，载北京大学金融法研究中心编：《金融法苑》，中国金融出版社 2003 年版。

14. ［日］上村达男："何为公开公司法'理论'——以资本市场与股份公司法制度为中心"，熊洁译，载黄红元、徐明主编：《证券法苑》，法律出版社 2013 版。

15. 王瑞："有限责任公司制度应该取消"，载王保树主编：《商事法论集》，法律出版社 2012 年版。

16. 吴建斌："从日本公司形态整合看中国统一公司法趋势"，载赵旭东主编：《国际视野下公司法改革》，中国政法大学出版社 2007 年版。

17. 曾斌、时晋："家族企业、公众化与公司治理——以深交所家族上市公司为例"，载谢庚、徐明主编：《多层次资本市场研究》，中国金融出版社 2019 年版。

18. 周友苏、郑鈜："非上市公司股权交易市场构建论纲"，载顾功耘主编：《公司法律评论》，上海人民出版社 2010 年版。

四、期刊

1. 白冰、逯云娇："我国证券场外交易市场发展研究"，载《中国证券》2011 年第 12 期。

2. 包兴荣："当代中国政府改革视域中自律性中介组织研究"，载《中共杭州市委党校学报》2005 年第 3 期。

3. 蔡巍："美国'公私共分罚款之诉'及其评析"，载《法商研究》2007 年第 4 期。

4. 蔡元庆："股份有限公司章程对股权转让的限制"，载《暨南学报（哲学社会科学版）》2013 年第 3 期。

5. 曹明德、刘明明："论美国告发人诉讼制度及其对我国环境治理的启示"，载《河北法学》2010 年第 11 期。

6. 陈洁："证券虚假陈述中审验机构连带责任的厘清与修正"，载《中国法学》2021 年第 6 期。

7. 陈颖健："非公众股份公司股权交易问题研究——兼论我国新三板扩容面临的制度变革"，载《证券市场导报》2011 年第 8 期。

8. 陈颖健："事实公众公司制度研究"，载《证券市场导报》2016 年第 4 期。

9. 丁化美、路鑫："金融证券产品交易制度比较分析"，载《产权导刊》2011 年第 3 期。

10. 傅穹、关璐："非上市公众公司的制度价值与规则检讨"，载《上海财经大学学报》2013 年第 1 期。

11. 甘培忠、曹丽丽："我国公司法体系的重构——有限责任公司法和股份有限公司法的分立"，载《环球法律评论》2004 年第 4 期。

12. 郭雳："创寻制度'乔布斯'（JOBS）红利——美国证券监管再平衡探析"，载《证券市场导报》2012 年第 5 期。

13. 郭雳、郭励弘："私募发行在美国证券市场中的重要地位"，载《首席财务官》2008 年第 4 期。

14. 胡改蓉："非上市股份公司股权合法流转的路径探析"，载《上海金融》2011 年第

8 期。

15. 黄坡、陈柳钦："政府规制与行业自律的辩证关系研究"，载《学习论坛》2005 年第 12 期。

16. 蒋大兴："公司组织形态与证券（融资）权利——摈弃有限公司'改制上市'的法律习规"，载《现代法学》2013 年第 1 期。

17. 蒋学跃："股份有限公司章程限制股份转让合理性探讨"，载《证券市场导报》2011 年第 4 期。

18. 蒋云蔚："从合同到侵权：专家民事责任的性质"，载《甘肃政法学院学报》2008 年第 4 期。

19. 晋入勤："股票场外交易市场的制度构建应遵循五项原则"，载《区域金融研究》2010 年第 2 期。

20. 孔东民等："冷漠是理性的吗？中小股东参与、公司治理与投资者保护"，载《经济学（季刊）》2013 年第 1 期。

21. 赖彩明、赖德亮："加强公民举报权的制度保障"，载《法学》2006 年第 7 期。

22. 李爱荣："公司治理结构的法理学分析"，载《法学》1998 年第 8 期。

23. 李东渊、肖宇："论股东知情权的保护、规制及其完善——对《公司法》与《〈公司法〉司法解释（四）》相关规定之反思"，载《贵州省党校学报》2019 年第 2 期。

24. 李海龙："全球并购背景下的证券交易所——以美国经验为重心"，载《清华法学》2014 年第 3 期。

25. 李虹："美国证券违法举报者'罚没款分成'机制及借鉴"，载《证券市场导报》2012 年第 12 期。

26. 李建华、董彪："专家对第三人承担民事责任的理论基础——兼论德国新债法对我国民事立法的启示"，载《社会科学战线》2005 年第 5 期。

27. 李建伟、姚晋升："非上市公众公司信息披露制度及其完善"，载《证券市场导报》2009 年第 12 期。

28. 李俊峰："法律实施中的私人监督——'罚款分享'制度的经验与启示"，载《社会科学》2008 年第 6 期。

29. 李伟："监管科技应用路径研究"，载《清华金融评论》2018 年第 3 期。

30. 李志君、于向花："论证券市场政府监管的市场化"，载《当代法学》2005 年第 3 期。

31. 梁爽："董事信义义务结构重组及对中国模式的反思——以美、日商业判断规则的运用为借镜"，载《中外法学》2016 年第 1 期。

32. 廖士光："美国证券场外交易市场发展、监管及其启示"，《海南金融》2013 年第 1 期。

33. 刘继峰、吕家毅："企业社会责任内涵的扩展与协调"，载《法学评论》2004 年第 5 期。

34. 刘纪鹏、韩卓然："新三板的制度创新"，载《中国金融》2013 年第 7 期。

35. 刘来宾："让监督更加精准高效"，载《中国纪检监察》2018 年第 21 期。

36. 刘沛佩："从民商法到经济法——效率价值流变考"，载《研究生法学》2008 年第 6 期。

37. 刘沛佩："非上市公众公司概念拷问下的公司形态改革"，载《安徽大学学报（哲学社会科学版）》2015 年第 2 期。

38. 刘沛佩："非上市公众公司治理规范研究"，载《中国证券》2016 年第 10 期。

39. 刘沛佩、郑依彤："非上市股份公司股份转让市场混合交易制度研究"，载《现代管理科学》2014 年第 10 期。

40. 刘鹏等："美国公众公司监管制度及启示"，载《西南金融》2014 年第 4 期。

41. 刘小勇："论股份有限公司与有限责任公司的统合——日本及其他外国法关于公司类型的变革及启示"，载《当代法学》2012 年第 2 期。

42. 刘奕均："建立以证券公司为主导的场外交易市场"，载《中国证券》2012 年第 5 期。

43. 刘迎霜："我国公司类型改革探讨———以非公众股份有限公司为视角"，载《广东社会科学》2014 年第 1 期。

44. 罗培新："试析新《证券法》背景下证券业协会的定位与功能"，载《中国证券》2006 年第 1 期。

45. 罗培新："公司法强制性与任意性边界之厘定：一个法理分析框架"，载《中国法学》2007 年第 4 期。

46. ［日］能见善久："论专家的民事责任——其理论架构的建议"，梁慧星译，载《环球法律评论》1996 年第 2 期。

47. 欧达婧："非上市公众公司治理结构探析"，载《现代管理科学》2019 年第 12 期。

48. 潘东旭、查冬兰："信息披露质量对边际股权融资成本的影响"，载《安徽大学学报（哲学社会科学版）》2011 年第 6 期。

49. 彭冰："中央和地方关系中的上市公司治理"，载《北京大学学报（哲学社会科学版）》2008 年第 6 期。

50. 祁畅："中国非上市公众公司监管的结构性变革——兼论中国公众公司的法律内涵重构"，载《云南社会科学》2018 年第 1 期。

51. 钱玉林："我国《公司法》体系的重构———一种解释论的观点"，载《政治与法律》2021 年第 2 期。

52. 沈朝晖："监管的市场分权理论与演化中的行政治理——从中国证监会与保荐人的法律关系切入"，载《中外法学》2011 年第 4 期。

53. 宋湘燕、谢林利："美国监管科技在金融业的应用"，载《中国金融》2017 年第 12 期。

54. 孙春辉、储刘兵："我国场外交易市场制度简析"，载《甘肃金融》2014 年第 7 期。

55. 唐兴霖等："国家与社会之间——论社会中介组织对中国社会转型的影响"，载《天津行政学院学报》2002 年第 2 期。

56. 汤啸天："举报人的权利与我国《举报法》的制定"，载《人民检察》2004 年第 1 期。

57. 陶睿等："深度学习和知识图谱在智能监管中的应用研究"，载《金融纵横》2019 年第 8 期。

58. 王保树："非上市公司的公司治理实践：现状与期待——公司治理问卷调查分析"，载《当代法学》2008 年第 4 期。

59. 王保树："公司法律形态结构改革的走向"，载《中国法学》2012 年第 1 期。

60. 王晨光："法律的可诉性：现代法治国家中法律的特征之一"，载《法学》1998 年第 8 期。

61. 万国华、王玲："中国 OTC 治理缺位"，载《董事会》2011 年第 1 期。

62. 伍旭川、刘学："监管科技的作用及应用"，载《清华金融评论》2018 年第 3 期。

63. 伍旭川、刘学："监管科技推动监管升级"，载《金融博览》2017 年第 8 期。

64. 吴杰："英美法系民事诉讼证明标准理论基础研究"，载《法律科学（西北政法学院学报）》2003 年第 4 期。

65. 吴越、马洪雨："证监会与证券交易所监管权配置实证分析"，载《社会科学》2008 年第 5 期。

66. 夏立军、方轶强："政府控制、治理环境与公司价值——来自中国证券市场的经验证据"，载《经济研究》2005 年第 5 期。

67. 萧琛："论中国资本市场'倒金字塔'结构的矫正——'简政放权''草根创业'与股市供应面改善"，载《北京大学学报（哲学社会科学版）》2014 年第 6 期。

68. 谢增毅："证券交易所组织结构和公司治理的最新发展"，载《环球法律评论》2006

年第 2 期。

69. 邢鸿飞："软法治理的迷失与归位——对政府规制中软法治理理论和实践的思考"，载《南京大学学报（哲学·人文科学·社会科学版）》2007 年第 5 期。

70. 徐辉等："交易制度变更的流动性效应——来自中国股票市场的经验证据"，载《上海金融》2007 年第 11 期。

71. 王延川："公司类型：规范区分与司法适用"，载《当代法学》2015 年第 3 期。

72. 温权、刘力一："新三板引入做市商制度的问题研究"，载《现代管理科学》2014 年第 3 期。

73. 徐明、卢文道："从市场竞争到法制基础：证券交易所自律监管研究"，载《华东政法大学学报》2005 年第 5 期。

74. 徐昕："法律的私人执行"，载《法学研究》2004 年第 1 期。

75. 薛有志："公司治理结构认识上的误区"，载《经济学动态》2000 年第 4 期。

76. 杨晓舫等："'两非'公司股权流动信息披露探究"，载《产权导刊》2008 年第 1 期。

77. 杨雄壬："论非上市公众公司治理结构合理化探究"，载《福建警察学院学报》2017 年第 5 期。

78. 杨宇焰："金融监管科技的实践探索、未来展望与政策建议"，载《西南金融》2017 年第 11 期。

79. 杨喆、汪敏达："非上市公众公司监管制度：现状、问题及展望"，载《证券市场导报》2016 年第 3 期。

80. 杨志壮："公司法规范体系中的私法责任与公法责任"，载《齐鲁学刊》2013 年第 3 期。

81. 姚曦等："财务信息披露质量、投资效率与公司价值的实证检验"，载《新疆财经》2018 年第 2 期。

82. 叶林、刘向林："论我国公司法立法结构的变革"，载《政法论丛》2010 年第 3 期。

83. 伊志宏等："产品市场竞争、公司治理与信息披露质量"，载《管理世界》2010 年第 1 期。

84. 尹舒："海外场外市场中自律组织作用比较与借鉴"，载《中国证券》2007 年第 4 期。

85. 于东智："董事会、公司治理与绩效——对中国上市公司的经验分析"，载《中国社会科学》2003 年第 3 期。

86. 于晋云："我国非上市公众公司监管模式选择及理论分析"，载《成都行政学院学报》

2012 年第 2 期。

87. 于林："我国上市公司治理结构的症结分析"，载《经济师》2007 年第 1 期。

88. 苑德军、郭春丽："股权集中度与上市公司价值关系的实证研究"，载《财贸经济》2005 年第 9 期。

89. 章丽华："中国做市商制度迈出一大步"，载《产权导刊》2008 年第 11 期。

90. 张春霖："公司治理改革的国际趋势"，载《世界经济与政治》2002 年第 5 期。

91. 张红军："中国上市公司股权结构与公司绩效的理论及实证分析"，载《经济科学》2000 年第 4 期。

92. 张辉："中国证监会职能的定位：监管与发展"，载《郑州航空工业管理学院学报》2008 年第 1 期。

93. 张瑞彬、孙锦华："定向募集公司股份流通问题研究"，载《证券市场导报》2002 年第 11 期。

94. 张维迎："中国改革：政府管制与制度建设——张维迎教授关于管制与放松管制谈话录"，载《领导决策信息》2001 年第 31 期。

95. 张先吉："完善公司治理是提升上市公司质量的必由之路"，载《经济体制改革》2003 年第 5 期。

96. 章海珠："美国共分罚款之诉剖析及其启示"，载《人民检察》2011 年第 21 期。

97. 赵万一、吴民许："论有限公司出资转让的条件"，载《法学论坛》2004 年第 5 期。

98. 赵万一、华德波："公司治理问题的法学思考——对中国公司治理法律问题研究的回顾与展望"，载《河北法学》2010 年第 9 期。

99. 赵瑜纲、王立彦："公司上市与公司治理成效——基于实地调研的启示与思考"，载《经济科学》2000 年第 4 期。

100. 郑振宇："构建非营利组织行业自律机制的探讨"，载《中共济南市委党校学报》2005 年第 1 期。

101. 郑志刚："投资者之间的利益冲突和公司治理机制的整合"，载《经济研究》2004 年第 2 期。

102. 郑志刚："外部控制、内部治理与整合——公司治理机制理论研究文献综述"，载《南大商学评论》2006 年第 2 期。

103. 朱大明、［日］行冈睦彦："控制股东滥用影响力的法律规制——以中日公司法的比较为视角"，载《清华法学》2019 年第 2 期。

104. 朱小川："完善金融监管制度的几个启示——以日本'改善金融监管制度行动'为例"，载《金融理论与实践》2011 年第 2 期。

五、报纸

1. 程晓明："发展'新三板'的方向不能变"，载《经济日报》2011 年 11 月 16 日，第 009 版。

2. 付建利："别让我们的能力'熊'了"，载《证券时报》2018 年 12 月 29 日，第 A008 版。

3. 高国华："强化监管为市场'保驾护航'"，载《金融时报》2014 年 4 月 17 日，第 007 版。

4. 李明良、姜朝晖："完善金融期货交易所自律监管保护市场各方利益"，载《中国证券报》2009 年 7 月 14 日，第 A09 版。

5. 刘平安："新三板流动性难题如何解"，载《人民日报》2015 年 1 月 5 日，第 018 版。

6. 马婧妤："信访举报成证监会稽查执法重要线索来源"，载《上海证券报》2012 年 5 月 24 日，第 F04 版。

7. 马婧妤："'证监法网'彻查多起新三板案件"，载《上海证券报》2015 年 5 月 16 日，第 002 版。

8. 上海证券交易所投资者教育中心："公司治理与股东权利"，载《上海证券报》2007 年 7 月 23 日，第 A5 版。

9. 苏舟："华尔街　告密有奖"，载《国际金融报》2010 年 08 月 11 日，第 04 版。

10. 王国刚："金融监管应以资金流动为重心"，载《中国证券报》2011 年 6 月 16 日，第 A19 版。

11. 吴谦、邢恳："稳定新股价格可引入做市商制度"，载《中国证券报》2006 年 8 月 10 日，第 A16 版。

12. 许志峰："'主动退出'能带来什么"，载《人民日报》2012 年 8 月 7 日，第 002 版。

13. 杨晨："证券业有奖举报应力避'寒蝉效应'"，载《证券时报》2012 年 5 月 26 日，第 A002 版。

14. 赵晓钧："借鉴公平基金制度 完善投资者赔偿机制"，载《上海证券报》2013 年 3 月 27 日，第 A07 版。

15. 赵一蕙："集成电路等八行业入围 上交所第四批行业信披指引征求意见"，载《上海证券报》2018 年 11 月 12 日，第 004 版。

16. 郑晓波、刘璐："非上市公众公司股份须到法定交易所挂牌转让"，载《证券时报》2012 年 6 月 21 日，第 A08 版。

17. 周芬棉："建立监管协作突发事件处置机制"，载《法制日报》2015 年 4 月 25 日，第 06 版。

18. 庄心一："上市公司治理之嬗变趋势"，载《中国证券报》2014 年 11 月 1 日，第 A01 版。

六、未刊文献

1. 曹袁军："四川本草堂药业完善公司法人治理结构研究"，电子科技大学 2007 年硕士学位论文。

2. 顾瑞鹏："上市公司资本结构对公司治理影响的研究"，苏州大学 2009 年硕士学位论文。

3. 关璐："非上市公众公司信息披露制度剖析"，吉林大学 2010 年硕士学位论文。

4. 李凤莲："公司治理与伦理规制对上市公司自愿性信息披露影响的研究"，中南大学 2014 年博士学位论文。

5. 李沫雨："公司分类模式及其立法规范适用研究"，中国政法大学 2012 年硕士学位论文。

6. 林益："《上市公司治理准则》的软法化研究"，厦门大学 2014 年硕士学位论文。

7. 马洪雨："论政府证券监管权"，西南政法大学 2008 年博士学位论文。

8. 潘妙丽、张玮婷："从年报审核看中美上市公司持续监管"，上海证券交易所 2014 年内部资料。

9. 裴度："集团公司关联交易法律规制研究"，西南政法大学 2014 年硕士学位论文。

10. 彭宇："我国上市公司独立董事辞职行为的信号传递效应研究"，河南大学 2012 年硕士学位论文。

11. 曲洪艳："股权结构对公司治理的影响"，吉林大学 2006 年硕士学位论文。

12. 王曦："中国非上市公众公司股份转让法律问题研究"，北京大学 2009 年硕士学位论文。

13. 谢珊珊："注册会计师专家责任研究"，湖南大学 2005 年硕士学位论文。

14. 徐宁："中国上市公司股权激励契约安排与制度设计"，山东大学 2011 年博士学位论文。

15. 杨淦：“上市公司差异化信息披露研究”，西南政法大学 2015 年博士学位论文。

16. 叶林：“证券交易所监管上市公司法律问题研究”，深圳证券交易所 2004 年内部资料。

17. 于海波：“我国上市公司财务预警方法研究”，吉林大学 2018 年硕士学位论文。

18. 赵吟：“公司法律形态研究”，西南政法大学 2014 年博士学位论文。

19. 中孚和泰新三板研究所：“中国新三板市场研究月报”，中孚和泰资产管理有限公司 2014 年研究报告。

20. 张薇：“《上市公司治理准则》信息披露制度之完善”，厦门大学 2014 年硕士学位论文。

21. 周丹：“委托——代理理论的研究及应用”，电子科技大学 2005 年硕士学位论文。

22. 周宁：“我国非上市公众公司的法律规制研究”，哈尔滨工程大学 2017 年硕士学位论文。

七、英文专著

1. Angela Schneeman, *Law of Corporations and Other Business Organizations*, Boston：Delmar Cengage Learning, 2009.

2. Aoki Masahiko, *Information, Corporate Governance, and Institutional Diversity：Competitiveness in Japan, the USA, and the Transitional Economies*, Oxford：Oxford University Press, 2001.

3. David Flint, *Philosophy and Principle of Auditing：an Introduction*, London：Macmillan Education Ltd. , 1988.

4. David Kent, Michael Sherer & Stuart Turley, *Current Issues in Auditing*, London：Paul Chapman Publishing Ltd. , 1997.

5. Epstein, Marc J. & Spalding, Albert D. , *The Accountant's Guide to Legal Liability and Ethics*, Homewood：Business One Irwin, 1993.

6. Frank H. Easterbrook, Daniel R. Fischel, *The Economic Structure of Corporate Law*, Cambridge：Harvard University Press, 1991.

7. Franklin A. Gevurtz, *Corporation Law*, St. Paul：West Academic Publishing, 2000.

8. James D. Cox, Thomas L. Hazen, *Business Organizations Law*, St. Paul：West Academic Publishing, 2011.

9. Joseph A. McCahery, Erik P. M. Vermeulen, *Corporate Governance of Non-listed Companies*,

Oxford: Oxford University Press, 2010.

10. L. C. B. Gower, *Gower's Principles of Modern Company Law*, London: Sweet &Maxwll, 1992.

11. Nicholas Wolfson, *The Modern Corporation: Free Markets Versus Regulation*, New York: the Free Press, 1984.

12. Stepen J. Choi, A. C. Pritchard, *Securities Regulations: The Essentials*, New York: Aspen Publishers, 2008, p. 84.

13. Stephen M. Bainbridge, *Corporate Law* (2d ed.), New York: Foundation Press, 2009.

14. Ulrika Mörth, *Soft Law in Governance and Regulation: An Interdisciplinary Analysis*, Cheltenham: Edward Elgar Publishing, 2004.

15. W. O. Douglas, *Democracy and Finance*, Yale University Press, 1940.

九、英文期刊

1. Andrew F. Tuch, "Multiple Gatekeepers", *Virginia Law Review*, Vol. 96, 2010.

2. Bernard S. Black, "The Legal and Institutional Preconditions for Strong Securities Markets", *UCLA Law Review*, Vol. 48, 2001.

3. B. J. Bushee, C. Leuz, "Economic Consequences of SEC Disclosure Regulation: Evidence from the OTC Bulletin Board", *Journal of Accounting and Economics*, Vol. 39, 2005.

4. Clarkson. Max B. E., "A Stakeholder Framework for Analyzing and Evaluating Corporate Social Performance", *The Academy of Management*, Vol. 20, 1995.

5. Dodd E. M., "For Whom Are Corporate Managers Trustees?", *Harvard Law Review*, Vol. 45, 1932.

6. Elletta Sangrey Callahan, Terry Morehead Dworkin & David Lewis, "Whistleblowing, Australian, U. K. and U. S. Approaches to Disclosure in the Public Interest", *Virginia Journal of International Law*, Vol. 44, 2004.

7. Eugene F. Fama, Michael C. Jensen, "Separation of Ownership and Control", *Journal of Law and Economics*, Vol. 26, 1983.

8. F. A. Hayek, "The Use of Knowledge in Society", *The American Economic Review*, Vol. 35, 1945.

9. Ginger Carrol, "Thinking Small: Adjusting Regulatory Burdens Incurred by Small Public Companies Seeking to Comply With the Sarbanes−Oxley Act", *Alabama Law Review*, Vol. 58, 2006.

10. Harold Demsetz, "The Structure of Ownership and the Theory of the Firm", *Journal of Law and Economics*, Vol. 26, 1983.

11. Harold J. Krent, "Executive Control Over Criminal Law Enforcement: Some Lessons from History", *The American University Law Review*, Vol. 38, 1989.

12. Jake Keaveny, "In Defense of Market Self-Regulation: an Analysis of the History of Futures Regulation and the Trend Toward Demutualization", *Brooklyn Law Review*, Vol. 70, 2005.

13. James D. Cox, "Premises For Reforming the Regulation of Securities Offerings: An Essay", *Law and Contemporary Problems*, Vol. 63, 2000.

14. James J. Park, "Reassessing the Distinction between Corporate and Securities Law", *UCLA Law Review*, Vol. 64, 2017.

15. John Fagan, "The Role of Securities Regulation in the Development of the Thai Stock Market", *Columbia Journal of Asian Law*, Vol. 16, 2003.

16. Joseph Shade, "Financing Exploration: Requirements of Federal and State Securities Laws", *The Natural Resources Journal*, Vol. 37, 1997.

17. Katharina Pistor, "Chenggang Xu, Governing Stock Markets in Transition Economics: Lessons from China", *American Law and Economics Review*, Vol. 7, 2005.

18. Larry E. Ribstein, "Why Corporations?", *Berkeley Business Law Journal*, Vol. 1, 2004.

19. Lawrence A. Cunningham, "Sharing Accounting's Burden: Business Lawyers in Enron's Dark Shadows", *Business Law*, Vol. 57, 2002

20. Lucy Vickers, "Whistling in the Wind? The Public Interest Disclosure Act 1998", *Legal Studies*, Vol. 20, 2000.

21. M. Halloran, J. H. Halperin & H. H. Makens, "Blue Sky Laws: A Satellite Program", *Practicing Law Institute*, 1985.

22. Mark A. Cohen, Paul H. Rubin, "Private Enforcement of Public Policy", *Yale Journal on Regulation*. Vol. 3, 1985.

23. Michael C. Jensen, "The Modern Industrial Revolution, Exit, and the Failure of Internal Control Systems", *The Journal of Finance*, Vol. 48, 1993.

24. Michael C. Jensen, William H. Meckling, "Theory of the Firm: Managerial Behavior, Agency Costs, and Ownership Structure", *Journal of Financial Economics*, Vol. 3, 1976.

25. Michele DeStefano Beardslee, "The Corporate Attorney-Client Privilege: Third-Rate Doctrine

for Third-Party Consultants", *Southern Methodist University Law Review*, Vol. 62, 2009.

26. Milton C. Regan, Jr. , "Teaching Enron", *Fordham Law Review*, Vol. 74, 2005.

27. Myeong-Hyeon Cho, "Ownership Structure, Investment, and the Corporate Value: an Empirical Analysis", *Journal of Financial Economics*, Vol. 47, 1998.

28. Nagar V, Petroni K & Wolfenzon D, "Governance Problems in Close Corporations", *Journal of Financial and Quantitative Analysis*, Vol. 46, 2011.

29. New York City Bar Association, "Report of the Task Force on the Lawyer's Role in Corporate Governance", *Business Law*, Vol. 62, 2007.

30. Paul Rose, "Balancing Public Market Benefits and Burdens for Smaller Companies Post Sarbanes-Oxley", *Willamette Law Review*, Vol. 41, 2005.

31. Rafael La Porta, Florencio Lopez-de-Silanes, Andrei Shleifer & Robert Vishny, "Investor Protection and Corporate Governance", *Journal of Financial Economics*, Vol. 58, 2000.

32. Rafael La Porta, Florencio Lopez-de-Silanes, Andrei Shleifer & Robert Vishny, "Investor Protection and Corporate Valuation", *Journal of Finance*, Vol. 57, 2002.

33. Ronald J. Gilson, Reinier H. Kraakman, "The Mechanisms of Market Efficiency", *Virginia Law Review*, Vol. 70, 1984.

34. Ronald J. Gilson, "Controlling Shareholders and Corporate Governance Complicating the Comparative Taxonomy", *Harvard Law Review*, Vol. 119, 2006.

35. Sanford J. Grossman, Oliver D. Hart, "One Share-one Vote and the Market for Corporate Control", *Journal of Financial Economics*, Vol. 20, 1988.

36. Shleifer, A. , R. Vishny, "A Survey of Corporate Governance", *The Journal of Finance*, Vol. 52, 1997.

37. Trevor W. Morrison, "Private Attorney General and the First Amendment", *Michigan Law Review*, Vol. 103, 2005.

38. Zohar Goshen & Richard Squire, "Principal Costs: A New Theory for Corporate Law and Governance", *Columbia Law Review*, Vol. 117, 2007.

39. William E. Kovacic, "Whistleblower Bounty Lawsuits as Monitoring Devices in Government Contracting", *Loyola of Los Angeles Law Review*, Vol. 9, 1996.

图书在版编目（ＣＩＰ）数据

非上市公众公司治理规范研究/刘沛佩著.—北京：中国政法大学出版社，2023.4
ISBN 978-7-5764-0894-2

Ⅰ.①非… Ⅱ.①刘… Ⅲ.①公司法－研究－中国　Ⅳ.①D922.291.914

中国国家版本馆 CIP 数据核字(2023)第 079265 号

出　版　者	中国政法大学出版社
地　　　址	北京市海淀区西土城路 25 号
邮寄地址	北京 100088 信箱 8034 分箱　邮编 100088
网　　　址	http://www.cuplpress.com (网络实名：中国政法大学出版社)
电　　　话	010-58908285(总编室) 58908433 （编辑部） 58908334(邮购部)
承　　　印	固安华明印业有限公司
开　　　本	720mm×960mm　1/16
印　　　张	13.75
字　　　数	203 千字
版　　　次	2023 年 4 月第 1 版
印　　　次	2023 年 4 月第 1 次印刷
定　　　价	65.00 元